AF599627

BIANCH
BIANCH
ANCHI
BI

RAMON
USALL

Un siglo cuesta arriba

HISTORIA POPULAR Y POLÍTICA DEL CICLISMO

ENSAYO 36

La edición de esta obra ha dispuesto de una ayuda del Institut Ramon Llull

RAMON
USALL

Un siglo cuesta arriba

HISTORIA POPULAR Y POLÍTICA DEL CICLISMO

INTRODUCCIÓN
CUANDO LAS BICICLETAS Y EL CICLISMO EXPLICAN NUESTRO TIEMPO

El 5 de abril de 1818, hace poco más de dos siglos, el barón alemán Karl Freiherr von Drais presentó con gran pompa un nuevo invento en París. El artefacto ideado por el noble germánico, que a la postre revolucionó el mundo del transporte, era un vehículo formado por dos ruedas alineadas que el conductor debía hacer avanzar empujándose en el suelo con los pies. Aquel curioso modelo es hoy considerado como el ancestro de la bicicleta, un vehículo que se desarrolló durante el siglo XIX tomando como punto de partida el ingenioso proyecto de Von Drais.

A pesar del impacto que tuvo el invento presentado en 1818, la primera bicicleta a pedales, la evolución natural de la conocida como «draisiana», aún tardó más de cuatro decenios en ver la luz. Fue entre finales de la década de 1850 e inicios de la de 1860 cuando, de nuevo en Francia —país que ha tenido un papel clave en el desarrollo tanto de la bicicleta como del ciclismo—, surgieron los primeros velocípedos a pedales que pueden ser considerados como las primeras bicicletas de la historia.

Aunque la fecha precisa y la identidad del inventor de la bicicleta continúan siendo objeto de controversia, podemos afirmar con certeza que los primeros modelos de este nuevo vehículo fueron comercializados por la empresa «Maison Michaux», liderada por el antiguo carrocero Pierre Michaux y su hijo Ernest. Esta nueva empresa, que en 1869 se convirtió en «La Compagnie Parisienne», tuvo gran responsabilidad en el éxito popular de la bicicleta, e incluso cruzó el Atlántico para encontrar una gran acogida en el mercado norteamericano.

En las décadas que sucedieron a la de 1860 se produjo la auténtica eclosión de la bicicleta, que se transformó en un producto industrial que despertó el interés de las grandes marcas, entre las que cabe citar Peugeot, Manufrance o Mercier, todas ellas en territorio galo, así como también Dunlop o Michelin, promotoras de los primeros neumáticos para bicicletas que contribuyeron de forma muy evidente a mejorar el confort de los ciclistas.

La producción industrial y la consiguiente reducción del precio contribuyeron de manera decisiva a que la bici se convirtiera en un vehículo al alcance de las clases populares, circunstancia que llevó a una auténtica revolución de la bicicleta, que cada vez se hizo más presente en las calles y las carreteras.

Esta eclosión del velocípedo provocó que lo que originalmente era un medio de desplazamiento se transformara también en una actividad de ocio y en un deporte que continuó ganando popularidad. Así pues, las décadas de 1860 y 1870 fueron testigo del nacimiento de los primeros clubes ciclistas, creados en localidades francesas como París, Toulouse o Ruan donde la bicicleta era cada vez más visible en las calles, y de la creación de las primeras competiciones, comenzando con la carrera celebrada en la parisina puerta de Saint-Cloud el 31 de mayo de 1868.

Esto explica que la disciplina fuera incluida en los primeros Juegos Olímpicos de la era moderna, celebrados en 1896 en Atenas y que incluyeron pruebas de velocidad, de fondo e incluso una carrera de doce horas de duración. Poco después (1900) nació la Unión Ciclista Internacional y se celebraron las primeras grandes pruebas por etapas: así, en 1903 se disputó la primera edición del Tour de Francia, buque insignia y referente en el que el resto de competiciones quisieron inspirarse desde entonces.

La repercusión creciente de las pruebas ciclistas, que los fabricantes utilizaban como escaparate para la promoción de sus productos, contribuyó a multiplicar la presencia pública de la bici, que ya era utilizada de forma muy extendida por obreros, campesinos y, sobre todo, niños y adolescentes, quienes encontraban en el velocípedo algunos de los primeros momentos de plena libertad de su existencia.

Con la popularización de su uso, la bicicleta se transformó en un excelente reflejo de su tiempo, pues contribuyó o participó en muchos de los fenómenos históricos y sociales que le eran contemporáneos. Sin ir más lejos, y a pesar de las desgracias que médicos y moralistas anunciaban para la salud femenina, la bici fue un elemento decisivo en la lucha por la emancipación de las mujeres, que vieron en ella un instrumento de libertad. Quizá exagerando el papel que el velocípedo desarrolló en el seno del movimiento feminista, la líder sufragista norteamericana Susan Brownell Anthony llegó a afirmar que este nuevo instrumento surgido en Francia había hecho más por la liberación de la mujer que cualquier otra cosa en el mundo.

En Europa, durante la convulsa primera mitad del siglo xx, la bicicleta se convirtió en el mecanismo de transporte por excelencia, máxime si el combustible escaseaba o los vehículos a motor estaban únicamente al alcance de los sectores sociales más privilegiados. Así pues, tal y como expondremos a continuación, la bici tuvo un rol muy relevante en conflictos como la guerra de independencia de Irlanda, donde sirvió de firme aliada a Michael Collins y a los insurrectos que lideraba; la Segunda Guerra Mundial, cuando fue un instrumento al servicio de la Resistencia; o, de forma más tardía, en la rebelión de Mayo del 68, cuando los padres tomaban prestadas las bicis de sus hijos para circular por unas ciudades desprovistas de gasolina como consecuencia de una de las mayores huelgas generales que Francia ha conocido en su larga historia de lucha obrera.

Atendiendo a estas circunstancias, pues, no es una exageración afirmar que tanto la bicicleta como el ciclismo fueron protagonistas de primer orden en la historia del siglo XX. El deporte de los pedales ha sido testigo privilegiado de algunos de los principales acontecimientos que han marcado la historia contemporánea, desde el caso Dreyfus —que, como veremos, se sitúa en el origen del Tour de Francia— hasta el reciente proceso de construcción europea.

La crónica ciclista de la última centuria puede también leerse como un fiel reflejo del contexto geopolítico de la época: en las páginas de este libro se pueden encontrar numerosos episodios donde la competición se entrecruza con hechos que han marcado la historia, ya sean las guerras mundiales, la lucha por la independencia de Irlanda, la Segunda República y la Guerra Civil española, las dictaduras fascista y nazi, el franquismo, el combate contra el colonialismo, la Guerra Fría y la división de Europa, la revuelta de Mayo del 68, la caída del telón de acero o el auge de los movimientos nacionalistas, entre otros muchos acontecimientos.

Los cuarenta capítulos que siguen —y que, como las grandes vueltas, pueden leerse como cuarenta etapas distintas— nos narran, pedalada a pedalada, cómo la bicicleta y el deporte ciclista se han convertido en una perfecta metáfora de la existencia humana y explican la historia, la política y la sociedad de nuestro tiempo.

En estas páginas encontraréis, pues, una mirada geopolítica al ciclismo que, con la épica de los grandes puertos de montaña que tanto nos fascinan, construye la crónica de la humanidad durante el último siglo. Una historia cuesta arriba que nos ayuda a entender, desde una perspectiva un poco distinta a la que estamos acostumbrados, el mundo en el que vivimos.

FRANCIA, 1903

EL CASO DREYFUS, EL ORIGEN DE LA MAYOR CARRERA CICLISTA DEL MUNDO

En la fachada del hostal Au Réveil Matin, en Montgeron, a una veintena de kilómetros de París, luce una placa que recuerda la principal efeméride relacionada con dicho establecimiento: «Aquí, ante el Réveil Matin, el 1 de julio de 1903, dio inicio el primer Tour de Francia organizado por Henri Desgrange». El Tour, la prueba ciclista por excelencia, nació, pues, un verano de principios del siglo XX a las puertas de un modesto hostal de la *banlieue* parisina, pero sus verdaderos orígenes deben buscarse durante la década precedente con el nacimiento, en 1892, del periódico deportivo *Le Vélo* y el estallido, en 1894, del caso Dreyfus, un asunto que de forma absolutamente involuntaria acabaría cambiando para siempre la historia del ciclismo.

Le Vélo, el periódico deportivo de referencia en la Francia de finales del siglo XIX, consagró siempre un lugar preferente de su información al ciclismo, el deporte más popular entre los galos de la época. Desde sus míticas páginas de color verde y haciendo honor a su nombre, *Le Vélo* se convirtió en organizador y patrocinador de las principales pruebas ciclistas francesas, como la París-Brest-París, la París-Roubaix o la Burdeos-París.

Desde sus inicios, el nuevo periódico deportivo contó con importantes apoyos económicos, entre los que destacaban los patronos de las grandes empresas automovilísticas francesas: Édouard Michelin, Armand Peugeot o el conde Jules-Albert de Dion. El crucial apoyo de estos sectores a *Le Vélo* se tambaleó con el estallido del célebre caso Dreyfus, que implicó la acusación de espionaje en favor de Alemania contra el capitán Alfred Dreyfus, un militar francés de origen judío.

A pesar de unos indicios de culpabilidad más que débiles, el capitán Dreyfus fue condenado por traición y deportado a una cárcel de la Guayana al tiempo que era expulsado del ejército. Una sentencia durísima que evidenciaba el creciente antisemitismo existente en Francia.

El descubrimiento del verdadero culpable de la traición, el mayor Ferdinand Esterhazy, dio una nueva dimensión al asunto y dividió a los franceses entre los partidarios de revisar el caso en favor de Dreyfus (básicamente la izquierda, los republicanos, los demócratas y los defensores de los derechos humanos) y los que cerraban filas negándose a modificar la injusta condena contra el militar judío (la derecha nacionalista, los monárquicos y los antisemitas).

Entre los primeros, se encontraba Pierre Giffard, el director de *Le Vélo,* que había incorporado a su periódico deportivo una reflexión diaria sobre política general desde donde mostró su apoyo al famoso «J'accuse…!» de Zola y atacó con dureza la discriminación contra los judíos en Francia. Las referencias al caso que encendía la opinión pública francesa se convirtieron en recurrentes en las páginas verdes de *Le Vélo,* que se posicionó claramente a favor de la revisión del proceso y la inocencia del capitán Dreyfus. La postura del periódico no fue del agrado de sus principales anunciantes, esos grandes industriales vinculados a menudo con la derecha nacionalista, entre los que destacaba Jules-Albert de Dion, el patrón de la empresa automovilística De Dion-Bouton, ferviente católico y simpatizante declarado de la extrema derecha.

El clima de tensión entre la dirección del periódico y sus principales anunciantes llegó a su punto álgido en 1899, en pleno debate sobre la revisión del proceso. El 4 de junio de ese año, el hipódromo parisino de Auteuil fue escenario de una agresión contra el presidente francés, el republicano de izquierdas Émile Loubet, en la que llegó a participar el mismísimo Jules-Albert de Dion, que fue temporalmente encarcelado por estos hechos. De Dion no se tomó demasiado bien que Pierre Giffard, desde las páginas del periódico que él financiaba con sus anuncios, afirmara que el ataque al presidente fue un «espectáculo lamentable» y censurase la actitud del industrial.

El caso Dreyfus ganaba paulatinamente importancia en las páginas de *Le Vélo,* relegando muchas veces las noticias deportivas a un segundo plano, hecho que acentuó la división entre la dirección del periódico y los anunciantes. La tensión llegó a tal punto que De Dion lideró un grupo de empresarios que decidieron retirar su publicidad de *Le Vélo.*

La reacción del magnate del automóvil no se limitó al boicot publicitario: el conde impulsó la creación de un nuevo periódico deportivo, dirigido por Henri Desgrange, que hiciera la competencia al de Giffard y que fue bautizado como *L'Auto Vélo.*

Si *Le Vélo* tenía las páginas de color verde, De Dion optó por el amarillo para identificar las hojas de su nuevo diario. Se iniciaba así, el 16 de octubre de 1900, fecha de publicación del primer número de *L'Auto Vélo,* una competencia feroz que superaba el ámbito periodístico y deportivo y que llegaba al personal y al político. No en vano, tanto Pierre Giffard como Jules-Albert de Dion intentaron dar el salto a la política presentándose como candidatos a la Asamblea Nacional. Mientras Giffard fracasó en un su intento de resultar elegido por las listas del izquierdista Partido Republicano, De Dion logró un escaño en tanto que candidato independiente de extrema derecha.

Si bien en el terreno político la batalla daba como vencedor al conde de Dion, lo cierto es que en el ámbito periodístico Giffard y *Le Vélo* aventajaban al proyecto mediático del industrial derechista. En 1902, ganaron el pleito que habían interpuesto contra *L'Auto Vélo* y obligaron a la nueva cabecera a modificar su nombre por ser excesivamente parecido al suyo. El periódico de Jules-Albert de Dion se vio obligado a adoptar el nombre de *L'Auto,* a secas.

A nivel de ventas, *Le Vélo* continuaba liderando el mercado, a lo que se añadía la consolidación de las carreras ciclistas que organizaba como pruebas de referencia en este deporte, a pesar de los intentos de *L'Auto* de hacerle sombra impulsando nuevas competiciones como la Marsella-París o una versión de la clásica Burdeos-París.

El combate entre las dos cabeceras parecía decantarse de forma clara del lado de *Le Vélo,* un hecho que situaba a *L'Auto* en una delicada situación financiera que obligó a su director, Henri Desgrange, a buscar ideas originales para promocionar el periódico. Paradojas de la historia, la ocurrencia brillante que necesitaba *L'Auto* llegó de la mente de Géo Lefèvre. El 15 de enero de 1903, este antiguo periodista de *Le Vélo,* que ahora trabajaba en la cabecera rival, propuso a su patrón —durante una comida en la parisina cafetería Zimmer, situada bajo la redacción del periódico— impulsar una competición que realizara la vuelta a Francia en bicicleta.

Aunque en un primer momento Desgrange consideró la propuesta una auténtica locura, la idea de Lefèvre fue muy bien acogida por la redacción del periódico, hasta el punto de que cuatro días después de esa comida, el 19 de enero de 1903, *L'Auto* anunció en portada la creación «de la mayor competición ciclista nunca vista».

La propuesta lanzada por *L'Auto* despertó inicialmente escaso entusiasmo pero, meses después, el mítico 1 de julio de 1903, cincuenta y nueve valientes se agruparon delante del Réveil Matin para recorrer en seis etapas los 2428 kilómetros que los separaban de la ansiada meta en París. Solo llegaron veintiuno, y Maurice Garin se alzó con el triunfo ante la mirada de treinta mil parisinos. Nacía así el legendario Tour de Francia.

Este es, pues, el origen de la prueba ciclista más importante del mundo. Una competición que, en cierta forma, podemos decir que es hija de un controvertido capitán judío del ejército francés llamado Albert Dreyfus.

ALSACIA Y LORENA, 1906

CUANDO EL TOUR REIVINDICABA LA SOBERANÍA FRANCESA SOBRE ALSACIA Y LORENA

Durante la disputa de su cuarta edición, en un ya lejano 1906, el Tour de Francia cruzó por vez primera las fronteras galas para adentrarse en las regiones de Alsacia y Lorena, que se encontraban por entonces bajo soberanía alemana. Esta decisión, de evidente calado político, se repitió durante los cinco años siguientes hasta el hartazgo de las autoridades germanas, que decidieron prohibir el paso de la carrera por su territorio acusándola de ser un mecanismo de exaltación del sentimiento nacionalista francés que ambicionaba recuperar sus regiones perdidas. Quizás no les faltaba razón.

Desde la firma del Tratado de Frankurt, que puso fin a la guerra franco-prusiana librada entre 1870 y 1871, Alsacia y Lorena habían pasado de estar bajo soberanía francesa a formar parte del flamante Imperio alemán. La pérdida de ambas regiones supuso una profunda herida en el orgullo del nacionalismo galo que, durante todo el periodo de la Tercera República, vivió bajo el impacto de este hecho.

La reivindicación de la soberanía de Alsacia y Lorena se convirtió, desde entonces, en una obsesión para Francia, que defendía que su frontera natural con Alemania la marcaba el curso del Rin. De hecho, fueron muchas las iniciativas que, durante las décadas posteriores a 1871, pretendieron evidenciar que Alsacia y Lorena, a pesar de la «momentánea» dominación germánica, eran territorios franceses.

El Tour, nacido bajo este intenso clima político y que desde su primera edición se convirtió en un gran éxito de público, brindó la posibilidad de dibujar, a través del recorrido de la prueba, un mapa del Estado francés que incluyera los territorios perdidos en favor del Imperio alemán. He aquí por qué en su tercera edición, la de 1905, la organización de la carrera decidiese acercarse al máximo a la frontera con Alemania incluyendo en el trayecto la ascensión al Ballon d'Alsace, una cima de la cordillera de los Vosgos que simbolizaba el recuerdo de la tierra perdida que el nacionalismo francés soñaba con recuperar.

Después de arrimarse a la frontera, el Tour consiguió, en su siguiente edición (1906), cruzarla por vez primera para recorrer setenta y seis kilómetros por territorios de Alsacia y Lorena. Este primer paso del Tour por tierra oficialmente extranjera fue todo un hito político negociado por el director de la prueba, Henri Desgrange, con el presidente alemán de la región, el conde Johann Friedrich Alexander von Zeppelin-Aschhausen. Este último, sobrino del constructor de dirigibles y gran aficionado al ciclismo, autorizó el paso de la prueba francesa por el territorio que gobernaba seducido por la defensa de la neutralidad política de Desgrange, y con la única condición de poder revocar el permiso en el caso en que las autoridades de Berlín así lo consideraran oportuno.

El paso del pelotón del Tour, sin ningún alto en el camino, fue recibido de manera entusiasta por buena parte de la población de la región, que no solo aclamó a los ciclistas, sino también a los coches de la prensa francesa que cubrían la prueba.

Para la edición de 1907, Desgrange negoció la autorización de Von Zeppelin-Aschhausen para que Metz, capital del distrito de Lorena, se convirtiera en ciudad-etapa y, por tanto, acogiera la llegada del Tour, circunstancia que permitió congregar a miles de personas en un acto de inequívoca lectura política.

En aquel 1907, los carteles que anunciaban la llegada del Tour a Metz fueron los primeros que pudieron leerse exclusivamente en la lengua de Molière desde 1871. También fue la primera vez que desde entonces se pudo oír *La Marsellesa,* cantada por el público al paso del pelotón, un gesto que irritó enormemente a las autoridades alemanas, que habían dado orden de evitar la exhibición de símbolos franceses durante la prueba. Una de las anécdotas derivadas de esta voluntad de esconder los emblemas galos fue la confiscación policial, durante la llegada del Tour a la ciudad, de una bandera de Luxemburgo que, por sus colores, fue confundida con la enseña francesa.

A pesar de estos sucesos, el Tour fue muy bien recibido en Metz por Von Zeppelin-Aschhausen, que dedicó una recepción oficial a los participantes en la prueba con la presencia de los más altos oficiales militares germánicos, hecho que propició que la carrera renovara su paso por la ciudad en la edición de 1908.

La autorización del Imperio alemán al paso del Tour por su territorio no evitaba, como se ha mencionado, que el acontecimiento tuviera una lectura de carácter político. Con su recorrido, el Tour dibujaba las fronteras deseadas por Francia. Para el nacionalismo galo, cruzar Alsacia y Lorena no era una incursión en el extranjero, sino el paso natural de la carrera por un territorio francés que se encontraba, de manera circunstancial, bajo ocupación germánica.

Precisamente por el simbolismo político del paso del Tour por esta región, la asociación Lorena Deportiva —entidad profrancesa dedicada a la promoción del deporte y de la cultura— asumió a partir de 1909 la organización de la etapa de Metz de la gran carrera ciclista gala. Si bien el Tour fue acogido por un público menos numeroso que en las ediciones precedentes, la llegada de la prueba tuvo un evidente componente nacionalista. La situación se repitió en 1910 cuando, a pesar de la prohibición de los símbolos galos, la comitiva del Tour fue recibida al son de *La Marsellesa.* Esta manifestación pro-francesa fue duramente censurada por las autoridades alemanas, que consideraron que la entidad Lorena Deportiva «trabajaba bajo la cobertura del deporte para fomentar el espíritu francés entre los jóvenes» y que, por tanto, había que terminar con sus actividades para frenar la extensión del sentimiento francés entre la población del territorio.

La tensión creciente entre Francia y la Alemania imperial, provocada en buena parte por la disputa sobre Alsacia y Lorena, provocó la reacción fulminante de las autoridades germanas contra las entidades pro-francesas de estos territorios. En consecuencia, el 12 de enero de 1911, se decretó la prohibición de la asociación Lorena Deportiva por considerarse que sus actividades iban contra los intereses de Alemania. Con la ilegalización de la entidad que había organizado la llegada del Tour en sus dos últimas visitas a Metz, se prohibía también que la prueba volviera a la región; después de cinco ediciones, el trazado debía cirscunscribirse de nuevo a las fronteras oficiales del Estado francés.

A pesar de la sugerencia, el Tour de 1915 no discurrió por las carreteras de Alsacia y Lorena, entre otras cosas, porque nunca llegó a celebrarse. La tragedia de la Gran Guerra lo impidió. La prueba no volvió a disputarse hasta el verano de

1919 cuando, coincidiendo con la firma del Tratado de Versalles, que certificaba el triunfo francés sobre Alemania en la Primera Guerra Mundial, volvió a dibujar un itinerario que simbolizaba la unificación territorial francesa y que incluía el paso por Alsacia y Lorena con una etapa entre Estrasburgo y Metz.

Las páginas de *L'Auto* certificaron el simbolismo nacionalista que suponía que el Tour volviera a recorrer estas ciudades: «¡Estrasburgo! ¡Metz! Y no es un sueño. Iremos allí, a nuestra casa. ¡Pasaremos a lo largo del Rin! Con Estrasburgo y Metz nuestras ambiciones quedan satisfechas, ¡el Tour de Francia queda completo!». Unas afirmaciones que testifican de manera muy elocuente que el Tour era mucho más que una simple prueba ciclista. Entre otras muchas cosas, era un elemento clave para dibujar en la mente de los franceses las verdaderas fronteras de su país.

FLANDES, 1913
DE RONDE, UNA HISTORIA DE FLANDES

Bélgica es conocida en el mundo por su devoción a los mejillones y las patatas fritas y por su excelente cerveza. A estas pasiones hay que añadir el ciclismo, una auténtica religión en un país que tiene el triste récord de ser el que más tiempo ha permanecido sin gobierno a raíz de las discrepancias políticas que oponen a las comunidades flamenca y valona. Si bien es cierto que el entusiasmo por la bicicleta es compartido por todos los belgas, también lo es que el nacionalismo flamenco ha encontrado en el ciclismo un potente vehículo para reivindicar su identidad. Sirva como muestra el Tour de Flandes o, como a los flamencos les gusta llamarlo, De Ronde, una clásica centenaria que es un fiel reflejo de su historia y de sus anhelos nacionales.

Cada primer domingo de abril, las carreteras de Flandes se llenan con centenares de miles de personas que, en lo que es una auténtica segunda fiesta nacional para la comunidad flamenca, salen a saludar el paso de la caravana ciclista de De Ronde. Entre el numeroso público congregado en los durísimos ascensos adoquinados de los montes de Flandes, con la colina de Koppenberg y su 22% de pendiente máxima, llama la atención el mar de banderas flamencas que anima a los corredores a lo largo de la ruta. Una mirada superficial nos podría llevar a pensar que estas enseñas son las oficiales de la región de Flandes, caracterizadas por reproducir un león rampante negro, con las uñas y la lengua rojas, sobre campo amarillo. Apreciando al detalle cuál es el estandarte que lucen la mayoría de los espectadores, descubriremos que las uñas y la lengua del león no son rojas como en la bandera regional oficial. El color negro delata que la que ondea es la bandera independentista flamenca, que rechaza el rojo porque junto al amarillo y el negro forman los colores de la que, desde 1831, es la bandera oficial del Reino de Bélgica.

Esta imagen nos muestra cómo De Ronde se ha convertido en un auténtico fenómeno social y en un elemento inseparable de la identidad flamenca y de su nacionalismo. Es exactamente el sueño que Leon Van den Haute y Karel Van Wijnendaele tenían cuando, en 1913, pusieron en marcha el primer Tour de Flandes. Al igual que muchas otras carreras ciclistas, De Ronde van Vlaanderen nació de la iniciativa de un periódico deportivo, el *SportWereld,* dirigido por Van den Haute y donde Van Wijnendaele era una de las plumas más reconocidas.

Si bien su propósito principal era publicar informaciones deportivas, el *SportWereld* no escondía sus simpatías por el incipiente nacionalismo flamenco, una corriente cultural y política a la que se adhería con su decisión de editar un periódico escrito exclusivamente en lengua neerlandesa.

La cuestión lingüística no era baladí en aquel 1912, cuando el *SportWereld* inició su andadura. En la Bélgica de principios del siglo xx, el francés era la lengua de la burguesía y del poder y dominaba todos los aspectos de la vida. Hasta existe una leyenda que atribuye al ejército belga auténticos desastres militares durante la Primera Guerra Mundial fruto de la incomprensión entre los soldados flamencos y los altos mandos francófonos. Un mito que refleja la situación de diglosia en favor del francés que quedaba de manifiesto en las órdenes dadas por los oficiales valones, que solían terminar sus alocuciones con la frase «Y para los flamencos, lo mismo» pronunciada en francés, evidenciando su reticencia a emplear la lengua neerlandesa.

Cuando en 1913, poco antes de la Gran Guerra, Van den Haute y Van Wijnendaele pusieron en marcha el primer Tour de Flandes, lo hicieron con un inequívoco espíritu nacionalista. La carrera debía transitar por tantas localidades como fuera posible porque «todas las ciudades flamencas deben contribuir a la liberación del pueblo flamenco», como afirmaba el periodista.

La asociación entre De Ronde y el movimiento nacional se encuentra, pues, en el origen de una competición que tuvo su primer vencedor en la figura de Paul Deman, un ciclista flamenco que se convirtió posteriormente en espía durante la Primera Guerra Mundial utilizando su bicicleta para hacer llegar mensajes en código. Fue arrestado, encarcelado y condenado a muerte por los alemanes y se salvó de la ejecución, sobre la bocina, gracias al armisticio firmado en noviembre de 1918.

A pesar del entusiasmo de sus promotores, las dos primeras ediciones del Tour de Flandes no tuvieron el éxito deseado. Una de las razones hay que ir a buscarla en la prohibición de participar que los equipos franceses dictaron a sus corredores belgas, en buena parte, por el componente nacionalista de la prueba. Marcel Buysse, uno de los grandes ciclistas flamencos de principios del siglo xx, decidió saltarse el veto dictado por su equipo, el Alcyon francés, y se impuso en la segunda edición de una carrera donde seguían faltando la mayoría de los grandes nombres del ciclismo flamenco, una circunstancia que contribuyó a reforzar la dimensión nacionalista de De Ronde en el imaginario popular.

El estallido de la Primera Guerra Mundial y la ocupación de Bélgica por las tropas alemanas provocaron la única interrupción del Tour de Flandes en toda su historia. Durante cuatro años, De Ronde no se celebró y su regreso no tuvo lugar hasta 1919, en plena negociación del Tratado de Versalles.

Paradójicamente, las carreras celebradas durante el periodo de entreguerras, disputadas en unas carreteras y unos paisajes que evidenciaban la crudeza del conflicto bélico, fueron las que permitieron a De Ronde ganar popularidad y convertirse rápidamente en uno de los acontecimientos más celebrados por la comunidad flamenca.

Fue durante los años veinte cuando, de la mano del periodista y entrenador ciclista Karel Van Wijnendaele, se forjó la leyenda de los *flandriens,* un término que hoy designa a los corredores que, a pesar del sufrimiento causado por la dificultad del trayecto, siempre apuestan por un ciclismo de ataque hasta llegar exhaustos a la meta.

En su origen, la palabra *flandrien* designaba, en francés y en un cierto tono peyorativo, a los obreros flamencos que se desplazaban a Valonia para trabajar en las empresas siderúrgicas que controlaba la burguesía francófona. Van Wijnendaele, un antiguo ciclista cuyo verdadero nombre era Carolus Steyaert, podía considerarse un *flandrien.* Su padre, muerto cuando él tenía tan solo dieciocho meses, era un obrero del sector textil y él mismo, después de abandonar la escuela a los catorce años, había trabajado sirviendo a acomodadas familias francófonas. El trato humillante que padeció durante ese periodo contribuyó decisivamente a forjar su posición política nacionalista, que lo llevó a defender la idea de que el ciclismo debía tener un papel clave en la lucha por la emancipación del pueblo flamenco. Van Wijnendaele era, pues, un *flandrien,* pero también un *flamingant,* otro término despectivo con el que los belgas francófonos se referían a los nacionalistas flamencos.

Los sufridos triunfos de los ciclistas de Flandes en las Ronde de los años veinte provocaron que las crónicas de Van Wijnendaele cambiaran el sentido original de la palabra *flandrien* y le dieran la connotación positiva que tiene hoy en día y que identifica a un sufrido luchador que no se rinde y que no teme a las dificultades, valores que el periodista atribuía al pueblo flamenco.

Aunque en la actualidad se usa la palabra *flandrien* para designar a cualquier corredor que comparte los valores del término, independientemente de su nacionalidad, lo cierto es que, en sus orígenes, hacía referencia solo a la bravura de los ciclistas flamencos, auténticos dominadores de la prueba. Sirva como ejemplo, al margen de las pocas victorias extranjeras, que no fue hasta 1987 que un belga francófono, Claude Criquielion, logró imponerse en De Ronde. Una gesta, con una inequívoca lectura política, que no se repitió hasta treinta años después, con el triunfo de Philippe Gilbert en 2017, y que evidencia la histórica hegemonía del ciclismo flamenco en el Tour de Flandes.

La nueva ocupación alemana de Bélgica, después de la invasión de las tropas del Tercer Reich en mayo de 1940, hacía presagiar otra interrupción del Tour de Flandes, como había sucedido durante la Primera Guerra Mundial. La posición del nacionalismo flamenco, que optó por colaborar con el régimen nazi, propició que las autoridades alemanas consintieran la continuidad de la prueba, que servía al propósito de fomentar la división en el seno de Bélgica.

De Ronde fue así la única clásica que se corrió durante la Segunda Guerra Mundial, y lo hizo con plena complicidad de las autoridades nazis. Durante ese periodo, el organizador de la prueba era el periódico popular flamenco *Het Nieuwsblad,* con el que el *SportWereld* se había fusionado en 1939.

La derrota del nazismo comportó la confiscación estatal de los principales periódicos y la condena de muchos de sus periodistas bajo la acusación de colaboración con los ocupantes alemanes. Van Wijnendaele fue inicialmente condenado a no poder ejercer nunca más el periodismo, una pena que fue posteriormente revocada tras la presentación de una carta del general británico Bernard Montgomery que confirmaba que el reportero había ayudado a varios pilotos de la Royal Air Force cuyos aviones habían sido abatidos sobre suelo flamenco.

El fin de la Segunda Guerra Mundial abrió una disputa por el control del ciclismo en Flandes. El periódico de izquierdas *Het Volk* se propuso organizar una nueva competición que se convirtiera en el principal referente del ciclismo flamenco en sustitución de De Ronde, que consideraba manchada por su cercanía al nazismo. Fue así como, en 1945, se creó la Omloop van Vlaanderen, que pronto fue forzada a cambiar de nombre por su excesiva semejanza con la denominación de la carrera a la que pretendía remplazar. La nueva prueba impulsada por el periódico izquierdista fue bautizada Omloop Het Volk pero no llegó nunca a hacer sombra a De Ronde como la preferida por los flamencos.

Curiosamente, los dos antiguos periódicos rivales, *Het Volk* y *Het Nieuwsblad,* terminaron fusionados en 2009, el mismo año en que se creó la empresa Flanders Classics, hoy responsable de la organización tanto de la Omloop como de De Ronde.

Pese al estigma derivado del colaboracionismo, después de la Segunda Guerra Mundial el Tour de Flandes no perdió ni un ápice de popularidad, consolidándose como gran fiesta identificada con el nacionalismo flamenco, un movimiento político de corte conservador que, al igual que la carrera, arrastra todavía la mancha negra de su complicidad con el nazismo.

El eterno conflicto entre las comunidades flamenca y valona no ha hecho sino acentuar el carácter simbólico de De Ronde. Una cita ineludible donde los nuevos *flandriens* pelean sobre el asfalto para alzarse con el triunfo mientras los *flamingants* aprovechan para reivindicar, desde el borde de la carretera, su identidad flamenca. Esa misma que suscitaba las burlas de Jacques Brel en una polémica canción de 1977 que, con el despectivo título de *Les Flamingants,* se dirigía a los nacionalistas flamencos considerándolos «nazis durante las guerras, y católicos entre ellas, osciláis sin cesar, del fusil al misal». La melodía encontró la respuesta del popular cantautor flamenco Wannes Van de Velde que, en otra canción en francés, replicó: «Fascistas los hay en todas partes, también entre nosotros, pero ya que la gente adora odiar lo que ignora, con este refrán te imploro: de *flamingant* no me trates, soy flamenco, hijo de obrero». Una buena muestra de por qué Bélgica es el país que ha pasado más tiempo sin gobierno y de por qué De Ronde es mucho más que una carrera ciclista.

IRLANDA, 1919

BICICLETAS PARA LA LIBERTAD

Una de las imágenes más icónicas de Michael Collins, el jefe de la inteligencia del Ejército Republicano Irlandés (IRA) durante la guerra de la independencia de Irlanda, nos muestra al corpulento «Big Fella» vestido con una elegante gabardina, luciendo un sombrero y acompañado de una High Nelly, la popular bicicleta que, durante la primera mitad del siglo XX, se convirtió en el medio de transporte preferido de la población de la isla.

Que en una de las fotografías más representativas de Michael Collins aparezca una bicicleta no es un hecho en absoluto casual. Durante los tiempos más duros de la guerra, cuando los servicios secretos británicos y la inteligencia del IRA que el «Big Fella» dirigía libraban una batalla sin cuartel, Collins se paseaba tranquilamente en su High Nelly por las calles de Dublín convirtiendo su amada bicicleta en una firme aliada para esquivar la acción de unas fuerzas británicas que habían llegado a cifrar en nada menos que diez mil libras —una fortuna para la época— la recompensa para quien les llevase la cabeza de aquel ciclista grandullón que dirigía a las tropas rebeldes.

Con el Tratado Anglo-Irlandés que propició el nacimiento del Estado Libre de Irlanda, pero también la partición de la isla y, paradójicamente, el asesinato de Collins a manos de sus antiguos camaradas, las bicis encontraron una nueva utilidad y, a lo largo del combate que el IRA siguió librando contra las tropas británicas para la reunificación de Irlanda, se convirtieron, en distintas ocasiones, en mortíferos vehículos cargados de explosivos. Un uso bastante menos bucólico que el que les había dado Michael Collins, pero que también es parte de esta historia que nos explica cómo las bicicletas sirvieron para luchar por la libertad de Irlanda.

Curiosamente, Michael Collins y la moderna High Nelly que revolucionó el mundo de la bicicleta nacieron casi al mismo tiempo. El futuro dirigente independentista irlandés lo hizo en 1890 en un caserío del condado de Cork, en el seno de una familia granjera de origen noble a la que la dominación británica había despojado de sus títulos, y la High Nelly, una bicicleta segura, con dos ruedas idénticas y un pedal en medio que hacía poco que había sustituido al tradicional biciclo, empezó a producirse en masa durante la última década del siglo XIX.

La nueva bicicleta tuvo una gran acogida en Irlanda, un territorio donde el ciclismo se había convertido en un deporte de lo más popular hasta el punto de propiciar, durante la década de 1870, la creación del Irish Champion Bicycle Club (ICBC), la primera federación ciclista irlandesa, en un momento en que toda la isla se encontraba todavía bajo la dominación del Reino Unido. Esta entidad pionera, que posteriormente se convertiría en la Irish Cycling Association (ICA), acogía mayoritariamente en su seno a ciclistas identificados con posiciones políticas unionistas o con un nacionalismo moderado presente sobre todo en los entornos urbanos de la isla.

El nacionalismo más radical, profundamente arraigado en las zonas rurales como la que había visto nacer a Michael Collins, quiso desmarcarse de esta federación e impulsó, en 1884, la creación de la Gaelic Athletic Association (GAA), que pretendía promover la cultura y el deporte irlandeses y que, hasta la creación del Estado Libre de Irlanda, incluía una sección ciclista que constituía el principal órgano de gobierno de la bicicleta para los sectores republicanos y nacionalistas.

De forma natural dados sus orígenes, Michael Collins, un joven alto y fuerte, con evidentes capacidades para el deporte, se afilió a la GAA, donde fue especialmente activo durante el periodo de juventud que pasó en Londres, cuando jugó a *hurling* con los Geraldines, un club integrado en la sección londinense de la asociación gaélica. Esta entidad, que no era exclusivamente deportiva, le abrió las puertas de la Hermandad Republicana Irlandesa, la organización secreta que luchaba por la independencia de Irlanda, de la que Collins se convirtió en el principal dirigente.

Durante el levantamiento del lunes de Pascua de 1916, cuando los militares nacionalistas proclamaron la República Irlandesa en la oficina de correos de Dublín, la bicicleta tuvo un papel clave en el transporte tanto de los sublevados como de los ciudadanos que asistían a las manifestaciones y a los actos políticos nacionalistas.

Esta circunstancia se repitió, a partir de 1919, con el estallido de la guerra por la independencia irlandesa en la que Michael Collins se convirtió en el principal estratega del IRA. El director de la inteligencia republicana creó «The Squad», una unidad de élite, popularmente conocida como los «Doce Apóstoles», que se dedicó a eliminar oficiales británicos, con especial predilección por los que integraban la «Cairo Gang», un grupo de agentes de la inteligencia británica llegados a Dublín con la misión de derrotar al Ejército Republicano Irlandés.

Durante estos años de plomo, su inseparable High Nelly se convirtió en una de las principales aliadas de Collins. Gracias a ella, el «Big Fella» se movía con discreción y libertad por Dublín a pesar de las ya mencionadas diez mil libras que los británicos ofrecían por su cabeza.

Paradójicamente, aquellas High Nellys que se habían transformado en imprescindibles compañeras de lucha de los guerrilleros republicanos estaban fabricadas, en su mayoría, en la enemiga Inglaterra, especialmente en Nottingham y Birmingham, los epicentros británicos de la producción de bicicletas durante la primera mitad del siglo XX.

El idilio de Collins con las dos ruedas llegó a su fin en 1922, cuando el dirigente republicano, negociador del acuerdo de paz con el Gobierno británico, fue asesinado en plena Guerra Civil irlandesa por sus antiguos compañeros de armas, que renegaban del tratado suscrito con los ingleses que había dividido la isla.

La muerte del «Big Fella» no supuso el fin de la relación entre el IRA y las bicicletas, pero sí que abrió una nueva etapa. El Ejército Republicano Irlandés, contrario al tratado de paz, continuó con la lucha para liberar y reunificar la isla de Irlanda e introdujo, en 1939, el uso de la bicicleta bomba.

En uno de los momentos más controvertidos de la historia del IRA, los republicanos decidieron, a las puertas de la Segunda Guerra Mundial, poner en marcha el S-Plan, una campaña de sabotaje contra las infraestructuras económicas y militares del Reino Unido, que contó con el beneplácito de la Abwehr, el servicio de inteligencia de la Alemania nazi.

De entre los muchos atentados que el IRA realizó en tierras británicas desde el inicio de esta campaña, en enero de 1939, el más sangriento tuvo lugar el 25 de agosto de ese mismo año en la ciudad inglesa de Coventry. Nueve días antes del inicio oficial de la Segunda Guerra Mundial, una unidad del IRA aparcó una bicicleta cargada con una bomba en la cesta en la concurrida área de Broadgate, el corazón comercial de la ciudad. Exactamente a las 14:32 horas, el artefacto explotó provocando la muerte de cinco personas e hiriendo a setenta.

La bicicleta bomba de Coventry, un método inédito hasta entonces para el IRA, provocó las primeras muertes civiles del S-Plan, lo que forzó a los republicanos a disculparse formalmente afirmando que la población civil no era el objetivo de su campaña.

De los tres integrantes de la unidad que colocó aquella primera bicicleta bomba de la historia del IRA, dos de ellos, James McCormack y Peter Barnes —que reconocieron, después de ser detenidos, su responsabilidad en la preparación del explosivo, pero no haberlo colocado—, fueron condenados a muerte y colgados en la prisión de Birmingham el 7 de febrero de 1940, ya en plena Segunda Guerra Mundial.

Después de los hechos de Coventry, el IRA tardó casi cuatro décadas en utilizar de nuevo el método de la bicicleta bomba. Fue en 1976, en pleno periodo de los *Troubles* en el norte de Irlanda, cuando el nuevo IRA Provisional —que en 1969 se había escindido del IRA Oficial pasando a liderar la lucha armada para la reunificación y la independencia de la isla— colocó en la localidad de Crossmaglen, uno de sus fortines, una bicicleta bomba que, activada a distancia, terminó con la vida de Robert Borucki, un soldado británico de tan solo diecinueve años integrado en el regimiento de paracaidistas.

Después de su muerte, el ejército británico decidió bautizar con su nombre el puesto de vigilancia que se construyó en el centro de Crossmaglen y que, durante las décadas más duras del conflicto norirlandés, se convirtió en símbolo de la represión británica hasta que fue desmantelado en el año 2000 fruto de la consolidación del proceso de paz.

Antes de la pacificación del norte de Irlanda, el IRA aún tuvo tiempo para utilizar de nuevo la técnica de la bicicleta bomba. Fue en 1994 y, de acuerdo con los nuevos tiempos, los republicanos usaron dos bicicletas de montaña con sendas bombas de *semtex* cargadas en las cestas traseras. El objetivo de los explosivos fueron dos localidades turísticas de la costa inglesa, Brighton y Bognor Regis. Las bicicletas bomba, que fueron detonadas de forma controlada por la policía, habían sido colocadas para recordar el vigésimo quinto aniversario de la llegada de las tropas británicas a Irlanda del Norte y del inicio de los *Troubles.* Con ese mismo propósito, el movimiento republicano había iniciado una campaña con el lema «Tiempo para la paz, tiempo para marcharse» que evidenciaba la voluntad irlandesa de encontrar una solución pacífica al conflicto.

Las de Brighton y Bognor Regis fueron las últimas bombas a dos ruedas que el IRA usó en su historia: dos semanas después, anunció un alto el fuego incondicional e indefinido. Aunque esta tregua se rompería dos veces, fue el preludio de la pacificación definitiva que llegó con los Acuerdos del Viernes Santo de 1998. Así, unas bicicletas de montaña tomaron el relevo final de las High Nellys de Michael Collins como vehículos que sirvieron, aunque en tiempos y de formas muy distintas, a la lucha por la libertad de Irlanda.

PAÍS VASCO, 1924

UNA CARRERA PARA DIBUJAR LOS CONFINES DE LA NACIÓN VASCA

Toda carrera ciclista es siempre algo más que una competición estrictamente deportiva. Especialmente si hablamos de las grandes pruebas por etapas bautizadas con el nombre de los respectivos países que las acogen. Sin ir más lejos, el Tour de Francia es un auténtico acontecimiento cultural y social que también se convirtió, como hemos apuntado en uno de los capítulos precedentes, en un vehículo para reivindicar los límites territoriales de la nación francesa.

La celebración de la primera vuelta ciclista que recorrió el País Vasco, en 1924, durante la dictadura de Primo de Rivera, obedeció a este mismo espíritu de «dibujar los confines» por parte del nacionalismo local. La competición fue una iniciativa del periódico deportivo *Excelsior,* creado ese mismo año por el entorno de la Comunión Nacionalista Vasca, una de las dos facciones en las que se había dividido el histórico Partido Nacionalista Vasco fundado décadas atrás por Sabino Arana.

Editado por la empresa vizcaína Tipográfica General, responsable también de los periódicos generalistas *Euzkadi* y *La Tarde, Excelsior* se convirtió en el primer periódico deportivo de aparición diaria del Estado español, precediendo incluso al catalán *El Mundo Deportivo* que, pese a haber nacido en 1906, tenía entonces una periodicidad todavía semanal.

La creación de *Excelsior* respondía a dos necesidades. Por una parte, cubrir la información deportiva vasca e internacional. Por otra, evitar los posibles problemas con la censura dictatorial de los otros periódicos del grupo, razón por la cual a la nueva cabecera se le añadió el subtítulo «Deportes, información, cultura» que dejaba entrever que en sus páginas no se hablaría tan solo de deporte.

Dirigido por Jacinto Miquelarena, que paradójicamente se integró más tarde en las filas de Falange y llegó incluso a ser autor de algunos versos del *Cara al sol,* una de las primeras grandes iniciativas que adoptó el nuevo periódico fue la creación de una vuelta ciclista al País Vasco.

Tomando el relevo de carreras como la Irún-Pamplona-Irún, organizada en 1909, o de la Vuelta a las Vascongadas y Navarra que recorrió, en 1913, las cuatro capitales de la Euskal Herria bajo soberanía española, *Excelsior* organizó la primera vuelta al conjunto de la nación vasca siguiendo tres preceptos: crear una carrera de referencia en el calendario ciclista internacional, dar a conocer el País Vasco al mundo, y dibujar, con el recorrido de la prueba, las fronteras completas de la nación de los vascos.

Para convertir la nueva vuelta en un referente internacional, *Excelsior* contó con la complicidad del periódico francés *L'Auto,* organizador del Tour de Francia y dirigido, como la ronda francesa, por Henri Desgrange, una circunstancia que propició que los mejores corredores del momento decidieran participar en la prueba vasca, como lo demuestra que el galo Francis Pélissier se proclamara vencedor de la primera edición, seguido en la clasificación general por su hermano Henri, nada más y nada menos que el campeón del Tour de 1923.

Con el objetivo de proyectar el País Vasco al mundo, la organización decidió que la carrera, disputada en tres etapas, recorriera todos los rincones de la nación vasca pasando por Bilbao, San Sebastián, Vitoria, Pamplona, pero también por Bayona, añadiendo así el norte de Euskal Herria, bajo soberanía francesa, al trazado de la prueba. De hecho, la ruta escogida respondía a la consigna *«Zazpiak bat»*, un lema que en castellano se podría traducir por «las siete, en una» y que el nacionalismo vasco popularizó a finales del siglo XIX para reclamar la unión de los siete territorios de lengua y cultura vascas en un único proyecto de país. Los promotores de la carrera tenían muy clara esta idea y así quisieron plasmarla en el recorrido de la vuelta, aunque sus posiciones eran más cercanas a la Comunión Nacionalista Vasca —el sector autonomista y moderado del nacionalismo, defensor por entonces de un acuerdo con el republicanismo y la izquierda española— que a la fracción Aberri (Patria, en castellano), que mantenía una postura abiertamente independentista.

Durante las siete primeras ediciones, disputadas entre 1924 y 1930, la vuelta al País Vasco fue organizada por *Excelsior* y recorrió todas las provincias vascas, convirtiéndose en una prueba de referencia en el calendario internacional. Lo demuestra que, hasta 1930, no hubo un ganador nacido al sur de los Pirineos. El honor le correspondió a Mariano Cañardo, navarro afincado en Barcelona que triunfó en una edición marcada por la convocatoria de huelga de los tipógrafos vizcaínos, que forzó el cambio de fechas de la carrera.

Los convulsos acontecimientos que el País Vasco y España vivieron con la caída del sistema de la Restauración y el advenimiento de la Segunda República provocaron que la carrera no se disputara entre 1931 y 1934. En concreto, el periódico *Excelsior* se vio afectado por la unificación entre la Comunión

Nacionalista Vasca y Aberri que provocó la refundación del PNV. El sector disconforme con este proceso de fusión, que consideraba que el PNV era demasiado conservador y religioso, impulsó la creación de Acción Nacionalista Vasca, otro partido nacionalista, pero laico y de izquierdas, que constituyó el primer embrión de la futura izquierda *abertzale*. La empresa Tipográfica General, responsable de la publicación del *Excelsior,* estaba bajo el control de los promotores de la nueva ANV. Esto provocó que el primer periódico deportivo del Estado desapareciera para dejar paso, tan solo tres días después, al nacimiento de un nuevo diario, el *Excelsius,* que asumía el legado de su predecesor y que se publicaba desde posiciones políticas cercanas al renacido PNV.

A pesar de que el nuevo *Excelsius* comenzó su andadura en octubre de 1931, hasta 1935 no retomó la organización de la vuelta ciclista al País Vasco, con una de las ediciones más exitosas y recordadas de la prueba. En agosto de aquel 1935, el *Excelsius* planteó una carrera en cinco etapas que, por vez primera, concedía a Bayona, la principal ciudad del País Vasco francés, el privilegio de acoger un final y un inicio de etapa.

Sin saberlo, la carrera de 1935, que terminó con el triunfo del prestigioso ciclista italiano Gino Bartali, fue la última que dibujó con su recorrido los confines de todo el País Vasco. El verano siguiente, el levantamiento militar liderado por el general Franco provocó que la edición de 1936 no llegara a celebrarse. Fue el inicio de un largo paréntesis para la principal carrera ciclista vasca, que vio cómo la victoria franquista en la Guerra Civil y la dictadura que vino tras ella le impedía retomar su andadura, habida cuenta del principio de promoción de la territorialidad de la nación vasca que la había visto nacer.

Después de varios intentos fallidos, la vuelta al País Vasco reapareció como tal en 1969, cuando se fusionó con la

Bicicleta Eibarresa, una prueba por etapas nacida durante el franquismo. Pasó a estar organizada por el periódico guipuzcoano *La Voz de España,* una cabecera de posiciones antagónicas a *Excelsius,* que había desaparecido en 1937 por orden del Gobierno vasco que, en tiempos de guerra, pretendía ahorrar papel e instaló en la antigua redacción del diario deportivo al equipo de *Eguna,* el primer periódico publicado íntegramente en euskera.

Por su parte, *La Voz de España,* que incluía el lema «Dios, Patria, Rey» en su cabecera, había sido creado poco después del estallido de la Guerra Civil por militantes carlistas y rápidamente pasó a estar controlado por la Falange. Una circunstancia que explica a la perfección por qué la nueva vuelta al País Vasco se olvidó de la idea de dibujar en su trazado las fronteras de la nación vasca, dejando así atrás el sueño del *«Zazpiak bat»* que había inspirado a sus promotores.

PAÍS VASCO, 1932
LA MÁS REPUBLICANA DE LAS CARRERAS

El 14 de abril de 1932, Éibar estrenaba una nueva competición ciclista, el Gran Premio República. Ni la fecha ni el lugar donde se celebraba la prueba eran una casualidad. De hecho, conmemoraba el primer aniversario de la proclamación de la República española y tenía la salida y la llegada en la primera ciudad que se atrevió a pregonarla. La localidad guipuzcoana, cuna de las principales marcas de bicicletas hispánicas, se convertía así en la capital del ciclismo republicano.

A las seis de la madrugada del 14 de abril de 1931, la emocionada multitud congregada en la plaza de Unzaga veía cómo la balconada del ayuntamiento de Éibar izaba la bandera tricolor republicana. La ciudad armera se convertía en la primera del Estado español en proclamar la República. Lo había hecho una hora antes durante una reunión de urgencia de sus dieciocho concejales socialistas y republicanos de la que solo se ausentó el único edil del PNV. La decisión del consistorio guipuzcoano estimuló el movimiento republicano y provocó que homólogos más timoratos se añadieran a la proclamación. Esta madrugadora actitud le valió a Éibar ser reconocida con el título de «muy ejemplar ciudad» por parte de Niceto Alcalá-Zamora, el primer presidente de la República.

Pero Éibar no fue únicamente madrugadora anunciando el fin de la monarquía de Alfonso XIII, también lo fue en solicitar el reconocimiento para la organización de una carrera internacional ciclista que se celebrara el 14 de abril, precisamente para festejar el aniversario de la proclamación republicana. El Club Ciclista Eibarrés —entidad nacida en 1926 bajo el impulso de GAC (Garate, Anitua y Compañía), una de las grandes empresas de fabricación de bicicletas de la ciudad armera— requirió en diciembre de 1931 a la Unión Velocipédica el permiso para organizar dicha prueba. A pesar de que Madrid y Valladolid también solicitaron ser sedes de una carrera en tan significada fecha, el simbolismo de Éibar como primera ciudad en izar la bandera tricolor decantó la balanza del lado de la población guipuzcoana, que pudo así organizar el 14 de abril de 1932 la primera edición del Gran Premio República.

Éibar continuaba de este modo con su tradición de localidad organizadora de grandes pruebas ciclistas. No podía ser de otra manera, pues la ciudad era sede de algunas de las mayores empresas hispánicas de producción de bicicletas. Además de las bicis GAC, también se fabricaban en Éibar las BH (Beistegui Hermanos) y las Orbea (Orbea Hermanos), empresas que fruto de la crisis de la industria armera habían diversificado su producción añadiendo a los tradicionales cañones de escopeta los nuevos tubos de bicicleta y que, dada la necesidad de vender sus productos, para promocionarlos y darlos a conocer decidieron impulsar equipos y pruebas ciclistas.

El primer Gran Premio República fue una prueba de un único día con la salida y la meta en la ciudad guipuzcoana. Luciano Montero, abulense criado en la vecina Ordicia y que competía entonces en el equipo Orbea, fue el primero en inscribir su nombre en la lista de vencedores de la nueva carrera republicana tras imponerse en el sprint a los franceses Hargues e Intcegaray, cuya participación certificaba la dimensión internacional de la prueba. El numeroso público congregado en la meta celebró entusiasta el triunfo de un ciclista formado en Guipúzcoa que corría con una bicicleta eibarresa.

Si bien el Gran Premio República fue la única carrera de carácter internacional autorizada el 14 de abril, en esa misma fecha se celebraron otras pruebas ciclistas de inspiración republicana. Entre Valencia, Játiva y el puerto de Ollería tenía lugar la carrera «Proclamación de la República», una competición *amateur* valenciana que también pretendía conmemorar la efeméride; algo parecido a lo que hacía la Jaca-Barcelona, una prueba cicloturista que rendía homenaje a los militares republicanos que protagonizaron el 30 de diciembre de 1930 la insurrección de Jaca, una rebelión fallida para derrocar al rey Alfonso XIII.

El éxito de la carrera eibarresa propició su continuidad y su conversión, en 1935, en una prueba por etapas que recorría el trayecto Éibar-Madrid-Éibar. Antes, Ricardo Montero (en 1933) y nuevamente Luciano Montero (en 1934) habían inscrito su nombre en el palmarés del gran premio. Los dos hermanos habían convertido, pues, las tres primeras ediciones de la carrera en un asunto casi familiar.

La cuarta edición del Gran Premio República incorporó un gran salto cualitativo. La organización había previsto una carrera de cinco etapas con una jornada de descanso en Madrid, pero, por dificultades económicas, se optó por reducir la prueba a cuatro días consecutivos de competición, entre el 13 y el 16 de abril. En aquella ocasión, fue Salvador Cardona, valenciano del equipo Orbea, quien se alzó con el triunfo.

La experiencia de 1935 se repitió el año siguiente. En esta ocasión, el Gran Premio República recorrió más de mil kilómetros en cuatro etapas que enlazaron Éibar y Madrid para volver nuevamente a la ciudad armera. Allí, en una llegada que tuvo lugar el 14 de abril —la misma fecha en que se celebraba la carrera cuando era una prueba de un solo día—, Julián Berrendero, madrileño que corría entonces en el equipo BH y que era conocido como «el negro de los ojos azules», se alzó con su tercera victoria de etapa y con el triunfo en la clasificación general.

Berrendero fue aclamado por el cuantioso público que se congregó en las calles de Éibar para festejar la llegada de la prueba y recordar así la madrugadora proclamación republicana, unos espectadores que disfrutaban de la carrera ajenos a la creciente tensión política que se vivía en España y que meses después desembocaría en el golpe de Estado del 18 de julio.

El estallido de la Guerra Civil y el triunfo franquista en la contienda terminaron para siempre con la carrera republicana eibarresa. De hecho, la vigencia del Gran Premio República estuvo íntimamente asociada a la vigencia de la Segunda República Española. Nació con ella y prácticamente desapareció con ella.

A pesar de disputarse únicamente en cinco ocasiones, el Gran Premio tuvo una notable influencia sobre otras grandes pruebas por etapas que se celebraron posteriormente. De hecho, la Vuelta a España, que empezó a disputarse en 1935, poco después de la conversión del Gran Premio República en una carrera por etapas, se inspiró, entre otras, en la prueba eibarresa. Tanto que, en su primera edición, la Vuelta recorrió las calles de Éibar durante la etapa entre Bilbao y San Sebastián. Aun así, una notable diferencia separaba ambas carreras: mientras que el Gran Premio República fue promovido para conmemorar la proclamación republicana del 14 de abril de 1931, la Vuelta a España fue organizada por el periódico *Informaciones,* un diario conservador y, en esa época, abiertamente antirrepublicano. Aunque esta es ya otra historia…

ALEMANIA, 1934

A PEDALES BAJO EL TERCER REICH

Los Juegos Olímpicos de Berlín 1936 se convirtieron en el punto álgido de la instrumentalización del deporte por parte del Tercer Reich alemán. Antes, empero, el nacionalsocialismo ya había protagonizado otros episodios que evidenciaban la misión que Adolf Hitler atribuía al deporte como elemento clave para restaurar el prestigio de Alemania. Uno de ellos fue el Mundial de ciclismo que, en 1934, acogió la ciudad sajona de Leipzig y donde el equipo teutón se alzó con tres medallas en el campeonato de pista. El único oro lo ganó Erich Metze en la competición de medio fondo; por su parte, Albert Richter se colgó la medalla de plata en la prueba de velocidad. Ambos corredores simbolizaron la distinta actitud con la que el pueblo alemán recibió el nazismo. Mientras Metze terminó herido durante la Segunda Guerra Mundial vistiendo el uniforme de la Wehrmacht, Richter murió a manos de la Gestapo, leal a las posiciones antinazis que siempre había mantenido. Destinos antagónicos que son un fiel reflejo de la tragedia que vivió el ciclismo germano de los años treinta.

En esta década, Albert Richter se erigió como el gran dominador del ciclismo alemán sobre pista: entre 1933 y 1939, se proclamó siete veces consecutivas campeón de Alemania de velocidad y logró, también en siete ocasiones, subir al podio de los campeonatos del mundo sin conseguir, eso sí, llegar al peldaño más alto. Este impresionante palmarés, al que cabe añadir un oro en el mundial *amateur* de Roma de 1932, se forjó además en unas adversas circunstancias caracterizadas por la profunda crisis económica que vivía Alemania en la época y por el auge del nazismo, al cual el corredor estuvo profundamente enfrentado.

Albert Richter, que empezó a competir a escondidas de su padre, quien prefería verlo convertido en un virtuoso del violín, no pudo participar en los Juegos Olímpicos de 1932, celebrados en Los Ángeles poco antes de su triunfo en Roma, porque la federación ciclista germana no tenía medios para pagarle el viaje y la estancia. Ante esta situación, y visto el talento que había demostrado con los pedales, Richter decidió dar el salto al profesionalismo aquel mismo año, en parte para ayudar económicamente a su familia.

En la elección de hacer de la bicicleta su modo de vida pesó, y mucho, el consejo de su entrenador, Ernst Berliner, antiguo ciclista judío propietario de una fábrica de muebles, que se convirtió en su segundo padre y le recomendó trasladarse a París, la meca del ciclismo sobre pista en la época; allí, Richter se transformó en uno de los corredores preferidos del público que, por su potencia, lo bautizó con el sobrenombre de «la 8-cilindros alemana».

Tener un entrenador judío y pasar buena parte de su tiempo en París contribuyó a reforzar los ideales antinazis de Richter, que rechazó encarnar el modelo ario que pregonaba Hitler y huyó de la utilización que del deporte pretendía hacer la propaganda nazi. El primer acto de rechazo frontal por parte del corredor al régimen nacionalsocialista llegó en abril de 1933, pocos meses después de que Adolf Hitler fuera proclamado canciller, cuando la federación ciclista alemana prohibió a Ernst Berliner ejercer como entrenador profesional dada su confesión judía. Richter se negó a aceptarlo y mantuvo al empresario como técnico personal, un desafío que el régimen solo consintió dada la creciente popularidad del corredor natural de Colonia.

En el campeonato alemán de 1934, disputado en Hannover, Richter dejó clarísima su aversión al Gobierno nacionalsocialista cuando, tras proclamarse vencedor, rechazó de forma ostensible realizar el saludo nazi ante un grupo de entusiastas aficionados teutones que, ellos sí, levantaban el brazo a mayor gloria de Hitler, en una imagen que fue reproducida por distintos periódicos germánicos.

Por si esta afrenta fuera poca, Richter la repitió durante el campeonato del mundo que Leipzig acogió entre el 10 y el 19 de agosto de 1934, uno de los primeros acontecimientos internacionales celebrados en la Alemania nazi; la jornada de clausura del torneo coincidió, además, con el referéndum sobre la jefatura del Estado alemán cuyo aplastante resultado permitió la creación del cargo de Führer y la concentración definitiva de todos los poderes estatales en manos de Adolf Hitler y el Partido Nacionalsocialista.

En aquella Leipzig plagada de propaganda hitleriana, Albert Richter consiguió la medalla de plata en la prueba de velocidad con nuevos actos de incuestionable oposición al nazismo. Aparte de no renunciar a su entrenador judío, Richter se resistió a vestir la cruz gamada en la camiseta, optando por el águila que hasta el año anterior habían lucido en la elástica los corredores germánicos, y volvió a rehusar el saludo nazi durante la ceremonia de entrega de premios. Esta actitud contrastaba enormemente con la que adoptaron algunos de sus compañeros, como Erich Metze y Paul Krewer, medalla de oro y de plata respectivamente en la prueba de medio fondo, que compitieron con la esvástica en el pecho. De hecho, Metze terminó enrolado en la Wehrmacht alemana durante la Segunda Guerra Mundial, en la que, como hemos mencionado, resultó herido.

Los desaires de Richter fueron inicialmente tolerados debido a la fama del personaje, pero con la consolidación absoluta del poder nazi fueron disminuyendo de intensidad ante el temor a posibles represalias. La decisión no era en balde, pues hasta el ciclismo alemán de esa época empezaba a estar repleto de deportistas que abrazaban de forma devota la causa del nazismo, como era el caso de dos recurrentes adversarios a los que Richter solía batir en las competiciones nacionales: Werner Miethe, que además de corredor ciclista fue también espía del Tercer Reich, y Peter Steffes, que con su colega Miethe participó, en plena guerra, en el comercio de los objetos de valor robados a judíos franceses víctimas de la persecución nazi.

El creciente acoso del nazismo contra sus opositores acabó provocando, en septiembre de 1937, el exilio de Ernst Berliner, que huyó con su familia a Holanda después de que un amigo le informase de que la Gestapo planeaba su detención inminente. Esta circunstancia afectó profundamente a Richter y provocó que se planteara huir él también de Alemania. Al optar por quedarse, se vio obligado a hacer el saludo nazi y a vestir la cruz gamada. Aun así, se negó a espiar al servicio del Reich durante sus frecuentes viajes al extranjero para competir en distintas pruebas ciclistas, como llegaron a proponerle las autoridades hitlerianas y como hacían algunos de sus colegas. A pesar de la distancia, Richter y Berliner mantuvieron una estrecha relación, como se evidenció en el Mundial de Ámsterdam de 1938, cuando aparecieron juntos en el Estadio Olímpico sin importarle al corredor que esta situación, la de comparecer en público con un técnico no autorizado, tuviera un impacto negativo sobre los jueces.

El último gran hito en la carrera de Richter llegó con el Mundial de Milán de 1939, celebrado en el mítico velódromo Vigorelli, cuando consiguió su séptima medalla consecutiva en una Copa del Mundo: bronce en velocidad. La felicidad deportiva de Richter se vio truncada por el estallido de la Segunda Guerra Mundial el 1 de septiembre, que provocó la cancelación inmediata del mundial milanés, del que solo había podido disputarse, precisamente, la prueba de velocidad.

El curso de la historia provocó que muchos ciclistas alemanes de la década de los treinta abandonaran la bicicleta para enrolarse en las filas de la Wehrmacht, como hizo Erich Metze, oro en el Mundial de Leipzig 1934. No fue el caso de Albert Richter, que rechazó entrar en combate. «No puedo convertirme en soldado. No puedo disparar contra franceses, son mis amigos», declaró el corredor, que había forjado parte de su leyenda ciclista en unos velódromos galos donde a partir de entonces fue habitual oír el grito «¡Richter, y no Hitler!» en apoyo al ciclista antinazi.

Para huir de la contienda, Richter se refugió en Suiza, aunque quiso seguir compitiendo. Contra la recomendación expresa de su técnico, que seguía exiliado en Holanda, Richter volvió a Alemania para participar en el Grand Prix de Berlín, disputado en diciembre de 1939. La prueba supuso el último triunfo de su extenso palmarés, pero también marcó su trágico destino. El 31 de diciembre de 1939, Richter volvió en tren a Suiza, un viaje tranquilo hasta que llegó a Weil am Rhein, la estación fronteriza germano-helvética, donde un control de la Gestapo lo arrestó después de encontrar 12.700 marcos escondidos en el interior de los neumáticos de su bicicleta. Los esprínteres holandeses Cor Wals y Kees Pellenaars, que viajaban en el mismo tren, testificaron que Richter fue, probablemente, víctima de un chivatazo a la Gestapo, dado que los agentes que lo detuvieron fueron directamente hacia la bicicleta, sin interesarse siquiera por el resto de su equipaje. Los soplones fueron, al parecer, dos viejos conocidos: Werner Miethe y Peter Steffes.

Tras su detención, fuera ya de la estación de Weil am Rhein, Albert Richter fue cargado en un camión y trasladado a un campo de «corrección» de la cercana localidad de Lörrach. Tres días después, el campeón antinazi murió a manos de la Gestapo. La estima que el público le profesaba obligó a las autoridades nazis a dar explicaciones, que no hicieron sino aumentar la confusión y despertar las sospechas de que había sido asesinado por la policía secreta del Reich. Primero se atribuyó su muerte a un accidente de esquí, posteriormente se corrigió esta versión afirmando que había sido víctima de dos grupos rivales de traficantes, más tarde se dijo que se había colgado en su celda por vergüenza, antes de argumentar que, pudiendo elegir entre el suicidio y el pelotón de ejecución, había optado por dispararse él mismo un tiro en la cabeza. Hasta llegó a decirse que había muerto en el frente del este vistiendo el uniforme de la Wehrmacht...

La realidad es que, cuando uno de sus hermanos vio el cadáver el 2 de enero de 1940, el mismo día de su muerte, el cuerpo de Richter estaba cubierto de sangre y su traje repleto de agujeros de bala, una idea que refuerza la teoría de que el campeón alemán fue asesinado a sangre fría por agentes de la Gestapo. Por si no fuera suficiente, la federación alemana de ciclismo quiso manchar el nombre del campeón con un infame comunicado que afirmaba: «Traficando con divisas para un judío, Albert Richter ha cometido un terrible crimen y el suicidio era para él el único gesto posible. Su nombre ha sido borrado de nuestras filas y de nuestras memorias para siempre». El ciclismo alemán optaba así por ocultar el inmenso palmarés de un gran corredor que había osado enfrentarse al Reich.

Solo la tenacidad de Ernst Berliner, aquel judío al que Richter nunca quiso abandonar y que al finalizar la guerra trabajó incansablemente para la restauración de la memoria de su pupilo y esclarecer las circunstancias de su muerte, permitió recuperar la figura del corredor de Colonia. En 1977, casi cuatro décadas después de su fallecimiento, la ciudad que lo vio nacer le dedicó, en recuerdo de sus hazañas, el nuevo velódromo local. Un gesto de dignidad para honrar la memoria de Albert Richter, el corredor que plantó cara a Hitler desde el principio. Un campeón a pedales bajo el Tercer Reich.

FRANCIA, 1935

EL «GORRIÓN» QUE GANÓ UNA ETAPA DEL TOUR GRACIAS A LA CERVEZA

A principios de la década de 1930, Francia todavía no conocía las virtudes de Édith Gassion, una jovencísima artista que por entonces sorprendía con su voz solo a los paseantes de Montmartre o a los clientes de los prostíbulos de Pigalle. Hasta el otoño de 1935 —cuando el patrón del cabaret Le Gerny's, situado en los pomposos Campos Elíseos, la descubrió cantando en la calle y decidió convertirla, bajo el nombre de la «Môme Piaf», en la estrella de su sala de espectáculos—, el gran público francés no asociaba el mote «Piaf» a una cantante sino más bien a un ciclista. En concreto, a Julien Moineau, apodado «Le Piaf», «el gorrión» en francés coloquial, debido a que ese era precisamente el significado de su apellido. Y fue este gorrión el que, poco antes del salto a la fama de Édith, se convirtió en leyenda del ciclismo imponiéndose en una etapa del Tour de Francia de 1935 gracias, ni más ni menos, que a la cerveza.

Le Piaf se encontraba, en 1935, en el ocaso de su carrera. El treintañero ciclista, que había empezado tardíamente su andadura profesional pero que podía presumir de sendos triunfos de etapa en las ediciones de 1928 y 1929 del Tour, se vio obligado, si aquel verano quería correr la ronda francesa, a formar parte de la categoría *«touriste routier»,* ya que fue excluido del equipo nacional de Francia que lideraba su viejo amigo Antonin Magne. Considerándose todavía en forma, Le Piaf tenía entre ceja y ceja la idea de luchar por imponerse en una tercera etapa del Tour, por lo que no dudó en participar, aunque no pudiera hacerlo vistiendo el maillot de la selección nacional.

El drama que se vivió el 11 de julio, durante la disputa de la séptima etapa, que enlazaba Aix-les-Bains y Grenoble y que recorría algunas míticas cimas alpinas como el Télégraphe, el Galibier o el Lauteret, alimentó las posibilidades de Piaf. Ese día, la tragedia asoló el Tour y puso en jaque a la organización. En primer lugar, porque Antonin Magne —el líder del combinado galo y uno de los grandes favoritos para imponerse en la clasificación general— y el belga Gustave Danneels cayeron como consecuencia del impacto de un coche de la organización, viéndose obligados a retirarse. En segundo, porque el vizcaíno Francisco Cepeda, corredor del Orbea, tuvo un funesto accidente durante el descenso del Galibier que lo llevó al hospital de Grenoble, donde murió tres días después, convirtiéndose así en el primer ciclista fallecido durante la disputa del Tour de Francia.

La retirada de su líder dejó diezmado al equipo francés. Presionado por Magne, el seleccionador eligió a Piaf para cubrir la vacante. Los galos ganaban un gregario fiel y Julien Moineau se rodeaba de prestigiosos compañeros que podían ayudarlo en su afán por ganar alguna etapa. Un negocio redondo atendiendo a la tragedia que suponía que Magne tuviera que abandonar.

La fecha que el gorrión Piaf tenía marcada en el calendario era la del 24 de julio de 1935, cuando el Tour viajaba de Pau a Burdeos, pasando muy cerca de Arcachón, la pequeña ciudad gascona donde vivía desde hacía tiempo. Poco antes, el 14 de julio, día de la fiesta nacional francesa, Moineau conoció la trágica noticia de la muerte de Francisco Cepeda; aquella misma jornada, el Frente Popular organizó una gran manifestación en París al grito de «Pan, paz y libertad», celebrada en un clima de euforia por la unidad de la izquierda; la participación masiva que anticipaba el histórico triunfo electoral del Frente en mayo del año siguiente.

Llegado el día en que el Tour visitaba su tierra adoptiva, Piaf, convencido de sus capacidades, intentó escaparse poco después de la salida de Pau. Su estrategia inicial no funcionó dado que los corredores belgas, que luchaban por defender el maillot amarillo que su compatriota Romain Maes lució del primer al último día de la carrera, decidieron darle caza temiendo que su maniobra no fuera sino el preludio de un ataque del equipo galo.

A pesar del fracaso de su primera intentona, Piaf se guardaba un as en la manga. En un día de calor fortísimo, el afincado en Arcachón había ideado situar a su pandilla de amigos cargados de cerveza a la altura de Le Barp, un pequeño pueblo en el corazón de las Landas situado a unos cuarenta kilómetros de la meta de Burdeos.

Con la táctica bien aprendida, Moineau pasó por Le Barp encabezando el pelotón y cazó una cerveza al vuelo, pero continuó con su ritmo sin detenerse ni un momento. Todo lo contrario. Aceleró al tiempo que arrojaba el frasco recibido al arcén y se lanzó en solitario hacia la meta esperando que su plan para distraer al gran grupo funcionara.

Y el plan no falló. Los integrantes del pelotón, agotados por el calor de la jornada, no pudieron resistirse a la tentación de hacer un alto en el camino para beber uno de los muchísimos frascos de cerveza que los amigos del gorrión distribuían. De hecho, la carrera se paró por completo para degustar el preciado zumo de cebada.

A pesar de que hoy pueda extrañarnos, el consumo de alcohol era habitual entre los corredores de los años treinta. Sin ir más lejos, el vencedor del Tour de 1933, el francés Georges Speicher, decidió beberse una cerveza subiendo la cima del Aubisque, durante la decimoctava etapa de la ronda francesa, la última de montaña antes de su llegada triunfal a París. Esta anécdota nos ilustra cómo la ingesta de cerveza, vino o licores era muy habitual en esa época, ya que el alcohol se consideraba más seguro que el agua procedente de los pozos y las fuentes situadas al borde de las carreteras. Una circunstancia que llevó a las marcas de esos productos a promocionarse a través de algunos ciclistas o a convertirse, especialmente después de la Segunda Guerra Mundial, en patrocinadores principales de numerosos equipos del pelotón.

Antonin Magne ayudó a Moineau a planear su golpe. El objetivo era doble. En primer lugar, que Piaf ganara la etapa. En segundo, que lo hiciera con una gran diferencia para poder embolsarse el premio de diez mil francos concedido al vencedor que hubiera obtenido una mayor diferencia de tiempo con sus inmediatos perseguidores.

La contrarreloj en solitario que Julien Moineau libró desde Le Garp hasta Burdeos mientras, por gentileza de sus amigos, sus compañeros de pelotón disfrutaban de una cerveza bien fresca para combatir el calor le permitió llegar a la meta con más de un cuarto de hora de ventaja sobre el segundo clasificado.

Los corredores belgas, que habían abortado la primera intentona de escapada del gorrión, comprendieron esta vez que su ataque era una iniciativa exclusivamente individual que no hacía peligrar el maillot amarillo de Romain Maes y prefirieron seguir degustando la cerveza a montar en la bici y lanzarse a neutralizar la fuga.

Los quince minutos y treinta y tres segundos que Moineau sacó al pelotón en la meta de Burdeos le permitieron no solamente ganar la etapa sino llevarse, al final del Tour, los diez mil francos prometidos al vencedor con una mayor diferencia sobre el segundo clasificado. El otro cerebro del golpe, Antonin Magne, esperó a su amigo Piaf a la llegada de la etapa y quiso celebrar con él la gesta que juntos habían planeado.

La victoria de etapa en el Tour de 1935 fue el último gran triunfo de Julien Moineau. El gorrión añadía a su palmarés, gracias a la cerveza, una tercera victoria de etapa en la ronda francesa. A pesar de que Piaf siguió corriendo hasta el estallido de la Segunda Guerra Mundial, con un efímero retorno a la competición después de la liberación de Francia, lo cierto es que sus últimos tiempos como corredor pasaron con más pena que gloria.

Su último gran golpe fue la legendaria victoria en Burdeos, ese triunfo que el gorrión debió tanto a sus piernas como a las cervezas que sus amigos repartieron generosamente entre el sediento pelotón. Un golpe que Piaf diseñó conjuntamente con el doble campeón del Tour, Antonin Magne, el mismo que no dudaba, por aquella época, en anunciar el popular licor Clacquesin, una bebida alcohólica que se presentaba como «el más sano de los aperitivos». Recuerdos de un tiempo en que la cerveza, el vino o el licor parecían dar alas a los ciclistas. Y a los gorriones como Piaf.

ESPAÑA, 1935

INFORMACIONES, EL PERIÓDICO FILONAZI QUE CREÓ LA VUELTA

A lo largo del siglo xx, el rol de la prensa, tanto la generalista como la específicamente deportiva, fue a menudo mucho más allá de la estricta cobertura de los acontecimientos deportivos. De hecho, la relevancia de determinados medios los convertía, incluso, en los organizadores de algunas de las principales competiciones del momento. Sin ir más lejos, lo que hoy es la Liga de Campeones de fútbol fue originalmente impulsada, en 1955, por el periódico deportivo francés *L'Équipe,* que decidió crear una Copa de clubes campeones de Europa. Pero si en algún deporte el papel de los medios ha sido capital para la organización de las principales competiciones profesionales este es, sin ninguna duda, el ciclismo.

La prueba ciclista por excelencia, el Tour de Francia, nació en 1903, como hemos apuntado, bajo el auspicio del periódico deportivo *L'Auto,* que pretendía así combatir la competencia de *Le Vélo* que, en aquella época, ya organizaba distintas carreras de gran prestigio. Siguiendo la estela de lo que sucedía en Francia, la *Gazzetta dello Sport* decidió crear, en 1909, el Giro de Italia, entrando así en abierta competencia con el prestigioso diario generalista *Corriere della Sera,* que era el responsable de la organización de la vuelta en automóvil al país transalpino.

En España, la prensa tardó un poco más en ponerse en marcha, pero tan pronto como el ciclismo ganó suficiente popularidad en el país, la idea de organizar una vuelta por etapas por la piel de toro se convirtió en recurrente. A diferencia de los casos francés e italiano, el medio que se lanzó a organizar la primera Vuelta fue un periódico vespertino generalista, que se inspiró tanto en el Tour y en el Giro como en las primeras competiciones por etapas que por entonces —mediados de los años treinta— se celebraban en territorio español y que tenían sus principales exponentes en la Volta a Catalunya y el Gran Premio República.

La cabecera generalista *Informaciones* puso en marcha la primera Vuelta a España en bicicleta durante la primavera de 1935, en pleno período republicano. En la decisión final de sacar adelante la propuesta tuvieron un papel determinante el por entonces director del diario, Juan Pujol; su jefe de deportes, Manuel Domingo; y, muy especialmente, el periodista y exciclista Clemente López Dóriga, a quien suele atribuirse la paternidad de la idea que, al fin y al cabo, no hacía sino trasladar el modelo francés e italiano de carrera al ámbito español.

En aquel momento, *Informaciones* era un periódico de lo más singular. Creado por Leopoldo Romero en 1922 con la voluntad de convertirse en un diario independiente sin publicidad, rápidamente tuvo que modificar su filosofía aceptando la publicación de anuncios para poder mantenerse en los quioscos. Más allá de esta anécdota, la singularidad de *Informaciones* era fruto del posicionamiento político que había tomado a partir de 1931. Si bien desde sus inicios había sido un periódico conservador, durante la Segunda República, y muy especialmente desde que Juan Pujol asumió la dirección, el diario fue adoptando posturas abiertamente antirrepublicanas y cercanas a la extrema derecha.

Esta deriva llevó al vespertino a convertirse en uno de los principales puntales de difusión del ideario nazi en España. Así pues, mientras *Informaciones* organizaba la Vuelta, cosa que hizo durante las cuatro primeras ediciones de la prueba (1935, 1936, 1941 y 1942), sus páginas acogían opiniones antisemitas y filonazis que eran debidamente remuneradas por el Tercer Reich alemán, que subvencionaba el periódico con cantidades que oscilaban entre las tres mil y las cuatro mil pesetas mensuales.

De entre las muchas muestras del nazismo militante del diario, cabe destacar las germanófilas crónicas bélicas que Víctor de la Serna —director entre 1939 y 1948, militante falangista y asalariado de la embajada alemana en Madrid— publicaba bajo el seudónimo de Unus, así como la portada que el periódico dedicó, en 1945, a la muerte de Hitler. No es de extrañar, pues, que en sus páginas se saludase el estreno de la Vuelta a España en 1935 como «una encarnación de la exaltación patriótica».

Aquella primera Vuelta se celebró con la autorización de la Unión Velocipédica Española, la antecesora de la actual federación ciclista, y constó de catorce etapas con inicio y final en Madrid. La victoria se la llevó el belga Gustaaf Deloor, después de un intenso duelo con Mariano Cañardo, el mítico corredor navarro establecido en Barcelona cuyo apellido fue adoptado, en el lenguaje coloquial, para designar un chut fuerte y potente, un «cañardo», en el que el balón partía a gran velocidad al igual que lo hacía el catalán de Olite en la bicicleta.

La época convulsa en la que nació la Vuelta comportó que, durante su primera década de vida, la gran prueba ciclista española únicamente pudiera disputarse en cuatro ocasiones. El levantamiento fascista de 1936, la posterior Guerra Civil y el estallido de la Segunda Guerra Mundial fueron los responsables.

La de 1942 fue la última edición de la Vuelta celebrada bajo el paraguas del periódico *Informaciones.* En 1945, otro diario conservador, el madrileño *Ya,* tomó el relevo de la publicación filonazi y asumió la organización de la prueba en cinco ocasiones, hasta 1950.

Después de cuatro años de parón, en 1955 llegó el turno de *El Correo Español-El Pueblo Vasco,* que se convirtió así en el tercer periódico que organizaba la Vuelta. El rotativo vizcaíno, también de línea editorial conservadora, se hizo cargo de la carrera hasta 1979, cuando pasó el relevo a la empresa Unipublic.

En cualquier caso, para la historia queda que la Vuelta nació de la mano de *Informaciones,* el principal altavoz de las posiciones del nacionalsocialismo alemán en España. Si bien es cierto que el vespertino mantuvo evidentes simpatías por Adolf Hitler y su Tercer Reich, también lo es que, con el paso del tiempo, la línea ideológica del medio evolucionó hasta que, durante los últimos años del franquismo, sus páginas acogieron voces críticas con el régimen convirtiéndolo, paradójicamente, en uno de los periódicos precursores de la Transición.

A pesar de este viraje radical, *Informaciones* no sobrevivió al cambio de régimen y desapareció en la década de los ochenta. Aun así, su legado perdura en forma de una Vuelta que nació auspiciada por el principal periódico filonazi de España.

FRANCIA, 1936

EL TOUR DEL FRENTE POPULAR

El 3 de mayo de 1936, tras la celebración de la segunda vuelta de las elecciones legislativas, el panorama político francés cambió radicalmente con la amplia victoria conseguida por el Frente Popular. Esta coalición electoral, integrada por la Sección Francesa de la Internacional Obrera (SFIO) —formación socialista nacida en 1905 de la mano, entre otros, de Jean Jaurès—, el Partido Comunista Francés (PCF), el Partido Radical y otras organizaciones sociales vinculadas a la izquierda y al antifascismo, se impuso con un 57% de los votos y obtuvo la mayoría absoluta de los diputados a la Asamblea Nacional.

El triunfo del Frente Popular permitió el nombramiento del socialista Léon Blum como primer ministro y la constitución de un Gobierno de izquierdas —con el apoyo externo del PCF, que prefirió no integrarse formalmente en el ejecutivo— que fue el responsable de la adopción de una serie de medidas que cambiaron la historia del movimiento obrero no solo en Francia, sino también en buena parte del mundo.

Entre las primeras disposiciones tomadas por el Frente Popular cabe destacar el aumento de los salarios, la reducción de la jornada laboral a cuarenta horas semanales y, muy especialmente, el establecimiento de quince días de vacaciones pagadas para la clase trabajadora.

Esta última medida, adoptada formalmente el 20 de junio de 1936, es decir, poco más de dos semanas antes del inicio del Tour, transformó de manera radical la naturaleza de la prueba ciclista, que se convirtió en un acontecimiento verdaderamente popular que congregaba en las carreteras a centenares de miles de franceses en cada una de sus etapas.

Se calcula que, con la entrada en vigor de las vacaciones pagadas, hasta seiscientos mil obreros se lanzaron a la aventura, a menudo en bicicleta, y muchos de ellos optaron por seguir, en alguno de sus tramos, el recorrido de la ronda francesa.

El Tour de 1936 arrancó el 7 de julio en una Francia que se encontraba en plena efervescencia política y en la que el Frente Popular gozaba de sus cotas más altas de popularidad. Aun así, el cambio social que vivía el país no era el único condicionante de un Tour que siempre tenía una evidente lectura política, si tenemos en cuenta que no se disputaba por equipos que representaban a marcas comerciales sino que competían selecciones nacionales. A estos elementos, que ya de por sí tenían una relevancia política suficientemente significativa, cabe añadir la decisión tomada por la organización —de acuerdo con la posición diplomática oficial del ejecutivo galo— de excluir a los participantes italianos por razón de la invasión de Etiopía que, poco antes del inicio del Tour, había llevado a cabo el régimen fascista de Mussolini.

Sin corredores italianos y con el Frente Popular estrenando gobierno, la ronda francesa vivió una de las ediciones más politizadas de su historia. Sin ir más lejos, los dos periódicos vinculados a los principales partidos que apoyaban al Frente Popular, *Le Populaire* (el diario de la SFIO) y *L'Humanité* (el del PCF), se volcaron en el seguimiento de la prueba, aunque tradicionalmente se habían mostrado muy críticos con la organización y, especialmente, con su director, Henri Desgrange, considerándolo responsable de la mercantilización de la carrera y de su conversión en un instrumento comercial al servicio de su cabecera, *L'Auto,* vinculada a grandes propietarios industriales y a sectores políticos conservadores.

A pesar de los reproches a las maniobras comerciales de los promotores del Tour, tanto *Le Populaire* como *L'Humanité* asumieron la contradicción de participar en la caravana publicitaria de la prueba, quizá el mayor exponente de su mercantilización, con el objetivo de difundir las ideas socialistas entre el público y acercarse así a la clase trabajadora francesa que se había lanzado a las carreteras para seguir la competición.

Mientras duró la prueba, *L'Humanité* decidió publicar en sus páginas una sección que, bajo el título «El Tour de Francia del Frente Popular», repasaba la historia de las distintas luchas y revueltas que se habían producido en los territorios por donde transcurría la carrera. Asimismo, al finalizar cada una de las etapas, el periódico comunista aprovechaba la llegada de sus vehículos participantes en la caravana publicitaria para realizar concentraciones políticas en defensa de las reivindicaciones del movimiento obrero.

En aquel verano de 1936, el paso del pelotón del Tour de Francia era, a menudo, saludado por decenas de miles de trabajadores con el puño en alto. Los vehículos de *Le Populaire* y de *L'Humanité* eran aclamados a su paso al ritmo de *La Internacional,* y los gritos a favor del Frente Popular eran constantes.

Sirva como ejemplo del fervor político la pancarta que encontraron los ciclistas al pasar por la localidad norteña de

Maubeuge: «Los trabajadores en lucha saludan a sus hermanos obreros de la carretera», rezaba. Era la consigna que los huelguistas de mayo y junio de 1936, que se habían movilizado en favor del Frente Popular cuando este intentaba imponer sus condiciones a la patronal francesa, querían hacer llegar a los ciclistas, muchos de los cuales vivían en condiciones bastante precarias.

El apoyo al Frente Popular no se limitaba a las cunetas o a la caravana publicitaria del Tour. Varios ciclistas no dudaron en manifestar públicamente su apoyo a las medidas adoptadas por el nuevo Gobierno. Entre ellos, Antonin Magne, que terminó en segundo lugar en aquella edición y al que, dada su cercanía con las posiciones socialistas la caravana del periódico de la SFIO se dirigió con las siguientes palabras: «¡*Le Populaire* envía un saludo socialista al camarada Magne, obrero de la carretera!». Poco antes, y en un tono distendido y jocoso, Magne se había dirigido al vehículo del diario socialista diciendo: «¡Salud! ¿No os cansáis demasiado, verdad?».

Si los socialistas tenían en Magne a su corredor de cabecera, los comunistas rendían honores a René Vietto, un «auténtico camarada», como lo presentaba *L'Humanité.* Vietto, que no escondía sus ideas comunistas, era uno de los ciclistas favoritos del público galo por la generosidad que había demostrado en el Tour de 1934 cuando, teniendo opciones de ganar la prueba, había decidido sacrificarse en favor del líder del equipo francés, Antonin Magne, cediéndole primero una rueda y posteriormente toda la bicicleta. Su humildad, su sacrificio y sus firmes convicciones políticas habían convertido a Vietto en un auténtico héroe para los simpatizantes comunistas.

A pesar de la influencia que el Frente Popular ejercía sobre el Tour de 1936, durante el transcurso de la prueba también se produjeron varios incidentes que evidenciaban la existencia de sectores disconformes con el nuevo Gobierno de izquierdas. Un ejemplo lo encontramos en el ataque con bolas de nieve que sufrió el vehículo de *Le Populaire* durante la ascensión al Galibier a manos de un grupo fascista. Una agresión que, según explicó el periódico, fue debidamente «corregida» por los aficionados de izquierdas que seguían la carrera y que no dudaron en agredir a su vez a los simpatizantes ultraderechistas.

El diario *L'Humanité,* por su parte, no se cansó de denunciar lo que consideraba como «actitudes chovinistas» protagonizadas por algunos espectadores franceses contra los corredores extranjeros que disputaban la prueba. Entre otras cuestiones, el periódico comunista denunció expresamente que un corredor alemán que se encontraba en dificultades durante el ascenso al Galibier no había recibido ningún tipo de ayuda del público.

Otra circunstancia que contribuyó a acentuar la naturaleza política del Tour de 1936 fue el estallido, en plena disputa de la prueba, de la Guerra Civil española. La historia quiso que, al día siguiente de la sublevación militar contra la República, un corredor español se llevara la victoria. En concreto, fue el vasco Federico Ezquerra quien ganó la etapa que el 19 de julio transcurrió entre Niza y Cannes. Ezquerra cruzó la línea de meta vestido con los colores de la bandera republicana, ya que el uniforme del equipo español que participaba en el Tour estaba formado, precisamente, por la enseña tricolor. Todo un símbolo visto lo que paralelamente sucedía en territorio peninsular.

En relación con el chovinismo manifestado por un importante sector del público francés, Ezquerra relató posteriormente que temió ser agredido por aficionados galos que le recriminaran su triunfo, razón por la cual decidió aguantar firme la botella de champán que le regalaron cuando subió al podio, por si tenía que usarla como instrumento de defensa.

Afortunadamente, no se llegó a producir ninguna agresión, más bien todo lo contrario. La mañana siguiente al triunfo de Ezquerra, *Le Populaire* hizo un ejercicio de solidaridad para combatir el chovinismo al abrir el periódico con la noticia del triunfo del vasco asociada a lo que acontecía al sur de los Pirineos, afirmando: «La España republicana planta cara a la sedición fascista».

Pocos días después, el 25 de julio, durante la etapa que se disputaba entre Perpiñán y Bañeras de Luchón, el Tour se adentró durante unos cuantos kilómetros en territorio español, circunstancia que una parte de la caravana de la prueba aprovechó para manifestar su solidaridad con quienes combatían el fascismo. *Le Populaire* recogió en sus páginas que varios representantes del movimiento socialista francés se habían reunido con militantes de la CNT, de la FAI y de la UGT para ofrecerles su apoyo y ayudarlos a combatir los discursos de la prensa conservadora francesa sobre lo que realmente sucedía en territorio español.

La solidaridad con la España republicana fue una constante a lo largo de la prueba y tuvo su epílogo en la ovación que recibió Julián Berrendero cuando recogió, en París, el premio que lo acreditaba como mejor escalador. Curiosamente, al terminar esta edición del Tour, los dos grandes protagonistas hispánicos de la prueba, Ezquerra y Berrendero, decidieron no regresar a la España en guerra y se refugiaron en Pau, donde continuaron con su actividad ciclista. Aun así, la añoranza los hizo volver a casa poco después, una decisión que, en el caso de Berrendero, conllevó su internamiento durante un año en el campo de concentración franquista de Rota.

El legendario Tour de 1936 terminó con la victoria del belga Sylvère Maes, que se llevó el maillot amarillo por delante de Antonin Magne. Ni siquiera el hecho que un belga arrebatara el triunfo a un corredor galo identificado con el movimiento socialista sirvió para empañar la llegada del Tour a París. En la capital, todos los corredores, independientemente de su origen, fueron aclamados por el público, un hecho que *L'Humanité* saludó como una victoria de su campaña contra el chovinismo y en solidaridad con todos los «obreros de la carretera».

Pero no solo los corredores fueron vitoreados a su llegada a París. El paso de los vehículos de la caravana publicitaria de *Le Populaire* y de *L'Humanité* por las calles parisinas desató la euforia y sirvió para evidenciar las simpatías que socialistas y comunistas despertaban entre los espectadores del Tour. Un Tour de 1936 que fue, sin ninguna duda, el Tour del Frente Popular.

CATALUÑA, 1936

DE LA VOLTA A LA VUELTA Y DE CAÑARDO A CAÑARDO

El 17 de septiembre de 1939, menos de ocho meses después de la entrada de las tropas franquistas, la plaza de España de una desolada Barcelona dio el pistoletazo de salida a la decimonovena edición de la Volta a Catalunya. Aunque la carrera se inició ante un público entusiasta que recordaba el de ediciones anteriores, la Volta de 1939 tuvo muy poco que ver con sus predecesoras ya que se desarrolló en un país arrasado por la guerra y que se adentraba en una sangrienta dictadura. Los únicos elementos en común con las competiciones anteriores al conflicto bélico fueron la pasión popular por la carrera y la victoria final de Mariano Cañardo, el catalán de Olite, que escribió por séptima vez su nombre en el palmarés repitiendo el triunfo que ya había cosechado en 1936 durante la última Volta de la Cataluña republicana.

El fervor popular podía ser parecido, pero la coyuntura en la que se desarrolló la Volta de 1936 fue muy distinta. La República vivía tiempos difíciles fruto de la inestabilidad política y del ruido de sables que desembocaría, poco después de la carrera, en el alzamiento del 18 de julio. A pesar de ello, el 13 de junio de 1936 miles de personas se congregaron en el Arco de Triunfo de Barcelona para aclamar a los ciento trece corredores que tomaron la salida de una edición con escasa presencia internacional ya que, al margen de los corredores de aquí, solo contó con la participación de ciclistas belgas y holandeses debido a la creciente tensión que reinaba en Europa.

Además del Arco de Triunfo —herencia de la Exposición Universal de 1888—, el pelotón de la Volta también recorrió el parque de la Ciudadela, que, desde 1932 y gracias a la proclamación de la República, acogía la sede del flamante parlamento catalán. Aquella primera etapa de 1936 estuvo presidida por el poeta Ventura Gassol, a la sazón consejero de Cultura de la Generalitat que encabezaba Lluís Companys, y destacado republicano que sufrió en sus carnes la ira del fascismo cuando fue atacado en Madrid por un grupo de extrema derecha que, además de agredirlo, también lo humilló al cortarle el pelo en plena discusión parlamentaria sobre el Estatuto de autonomía catalán, que fue finalmente aprobado en septiembre de 1932.

De hecho, la vinculación entre la Volta y la Generalitat era fruto de la proclamación de la Segunda República, que había propiciado la recuperación de esta histórica institución catalana que, desde 1932, se había convertido en el patrocinador principal de la carrera, bautizada también con el nombre de Gran Premio de la Generalitat. Además, la carrera debe a la República la posibilidad de adoptar su nombre en catalán, Volta a Catalunya, en sustitución de la denominación Vuelta a Cataluña con la que se conocía a esta carrera por etapas creada en 1911 y que es, en la actualidad, la tercera más longeva del mundo, solo por detrás del Tour de Francia y del Giro de Italia.

El catalanismo que durante el periodo republicano había impregnado la Volta quedaba de manifiesto en el cartel oficial de la edición de 1936, que incluía el perfil de un ciclista recorriendo una calzada dibujada con las cuatro barras de una larga *senyera,* o en la recurrente presencia de dirigentes republicanos catalanes, como los presidentes Francesc Macià y Lluís Companys o el consejero Ventura Gassol, en distintas etapas de los primeros años treinta.

A nivel deportivo, la Volta de 1936 estuvo marcada por el triunfo de Mariano Cañardo, el navarro afincado en el barcelonés barrio de Sant Andreu, que sumaba así su sexto triunfo en la prueba, una circunstancia que ayudó, y mucho, a que el apellido del popular ciclista fuera adoptado, como ya hemos apuntado, para referirse coloquialmente a un fuerte chut al balón. La expresión que se atribuye al hecho de que Mariano fue invitado a realizar el saque de honor en un partido del Barça en el estadio de Les Corts y que, ante los silbidos de una parte del público fruto de los rumores sobre alguno de sus triunfos, decidió chutar muy fuerte el balón con un «cañardo», una locución que hizo fortuna y se incorporó a la jerga futbolística.

La victoria de Cañardo en la Volta de 1936 no estuvo exenta de polémica ya que no se materializó hasta la novena y última etapa, después de que el belga Frans Bonduel, que había liderado durante cinco días la carrera, fuera incapaz de resistir el ataque del olitense en el circuito de Montjuïc y perdiera el triunfo en el último suspiro para delirio de un público entregado a Cañardo. La hazaña llevó al periódico *El Mundo Deportivo* a acusar a la organización de haber comprado al belga para favorecer al ciclista preferido del público local y mantener, así, la popularidad de la prueba.

Esta controversia —que quedó rápidamente enterrada por el alzamiento franquista y el estallido de la Guerra Civil— recordaba a otra que había protagonizado el mismo Cañardo en la Volta de 1929, en la que también se impuso a un belga, Jean Aerts, y en la que el público le silbó ostensiblemente durante la vuelta de celebración realizada en el estadio de Montjuïc —como hicieron después algunos espectadores en Les Corts— debido al rumor que decía que el corredor rival se había dejado ganar a cambio de dinero. El suceso dejó una espina clavada en el corazón del ciclista navarro, que se desquitó en 1930 con una auténtica exhibición que lo llevó a reconciliarse con el público y a ganar la Volta liderándola desde el primer día e imponiéndose en cuatro de las ocho etapas.

A pesar de la tensión, poco imaginaba Mariano Cañardo, cuando celebraba su éxito en la Volta de 1936, que poco después estallaría un cruento conflicto civil, y que este le pillaría corriendo el Tour de Francia. El de Olite decidió quedarse al otro lado de los Pirineos hasta pasado el verano para evitar la guerra. Aun así, en septiembre de 1936, Cañardo volvió a una Cataluña en la que la República había conseguido frenar a los golpistas y participó en los actos deportivos de la Diada en apoyo a las milicias antifascistas.

Aunque las fuerzas republicanas realizaban regularmente exhibiciones gimnásticas, la evolución de la guerra imposibilitó la celebración de la Volta en 1937 y 1938; ante esta circunstancia, Cañardo buscó ampliar su palmarés en Francia, donde se alzó con una victoria de etapa en el Tour de 1937, la única en su carrera, en un memorable ascenso a la cima pirenaica de Ax-les-Thermes; y en el norte de África, donde se impuso de forma consecutiva en las dos primeras ediciones del Tour de Marruecos. Para la historia quedó la imagen del saludo de Cañardo a un grupo de milicianos antifascistas de Puigcerdà desde el puesto fronterizo de la Bourg-Madame, el punto de partida de la etapa de la ronda francesa que ganó el navarro.

En septiembre de 1939, con Cataluña caída en manos de las fuerzas nacionales, las nuevas autoridades fascistas decidieron organizar de nuevo la Volta para aparentar la mayor normalidad posible. Eso sí, lo hicieron de acuerdo con los principios falangistas que ahora regían en el mundo del deporte.

La Volta pasó oficialmente a denominarse Vuelta a Cataluña, eliminando cualquier vestigio de la lengua y de las instituciones catalanas. El afán de la carrera era mostrar una Cataluña vencida y sometida al yugo fascista, como lo demuestra el cartel de la primera edición posterior a la guerra, en el que la organización se refería a 1939 como el «Año de la Victoria» y en el que una bandera rojigualda y la inscripción «Franco, Franco, Franco» acompañaban la silueta de un ciclista y del mapa de Cataluña. En esta ocasión, la Volta dejó atrás el Arco de Triunfo y el parque de la Ciudadela como punto de partida y eligió para su inicio la plaza de España, construida en plena dictadura de Primo de Rivera con el indisimulado objetivo de exaltar la Hispanidad.

Apenas cuarenta corredores tomaron la salida; ninguno de ellos era extranjero. La cruenta situación que vivía el país en los primeros compases de la posguerra, con un paisaje de desolación y un clima de gran represión, provocó que solo los ciclistas patrios respondieran a la llamada de la organización. Entre ellos, Mariano Cañardo, que partía como el gran favorito para ganar la Volta por séptima vez.

En una edición con siete etapas —y una jornada de descanso— que transcurrían por unas carreteras muy maltrechas por los estragos de la guerra, Cañardo empezó exhibiendo músculo y ganando de forma consecutiva las tres primeras etapas, lo que parecía presagiar que su séptimo triunfo en la Volta sería un camino de rosas.

Sin embargo, el catalán de Olite no contaba con que los corredores mallorquines habían podido entrenarse en mejores condiciones que sus competidores, ya que en la isla, ocupada por las fuerzas nacionales desde 1936, la guerra había acabado mucho antes. Así pues, en la contrarreloj entre Girona y Sant Feliu de Guíxols, Bartomeu Flaquer, ciclista originario de Artà y conocido con el sobrenombre de Tomeu d'es Forn, se impuso sorprendentemente a Cañardo y le robó el maillot de líder.

Solo la mala suerte del balear, que se vio forzado a retirarse por culpa de un inoportuno forúnculo, permitió que Mariano Cañardo llegara de nuevo a Barcelona encabezando la clasificación general y proclamándose así vencedor de su séptima Volta. Una edición que pasó a la historia por ser la primera disputada bajo la dictadura franquista, que intentó eliminar de ella cualquier rastro republicano y catalanista. Una edición que nada tuvo que ver con última republicana. Nada, salvo la pasión popular por el ciclismo y la victoria de Mariano Cañardo, el corredor que se convirtió, con su triunfo número siete, en la mayor leyenda de una Volta que es el fiel reflejo de la historia contemporánea de Cataluña.

CATALUÑA, 1937

GOLPES DE PEDAL CONTRA EL FASCISMO

Como no podía ser de otra forma, la Guerra Civil tuvo un gran impacto sobre la actividad ciclista en España. Además de las principales competiciones, como la Vuelta y la Volta a Catalunya, otras carreras que dejaron de celebrarse tras el estallido de la contienda fueron el Gran Premio República y la Jaca-Barcelona, una clásica que con su trazado de 367 kilómetros era la prueba de un día más larga de cuantas se celebraban en el país.

Conocida también como «La Republicana», la Jaca-Barcelona era una carrera cicloturista promovida por el periódico barcelonés *El Diluvio,* de posiciones progresistas y republicanas, en recuerdo de la sublevación de Jaca. Este levantamiento militar, llevado a cabo en diciembre de 1930 con el objetivo de acabar con la monarquía de Alfonso XIII, terminó de manera trágica para sus promotores, que fueron fusilados por las autoridades monárquicas y se convirtieron, así, en los primeros mártires de la causa republicana.

«La Republicana» llegó a disputarse en tres ocasiones, durante los años 1934, 1935 y 1936, y se celebró siempre coincidiendo con el 14 de abril para conmemorar, como también hacía el Gran Premio República a un nivel más profesional, la proclamación de la Segunda República.

A pesar de que el inicio de la Guerra Civil hizo que la Jaca-Barcelona no volviera a disputarse, la carrera tuvo una singular sucesora en 1937, bautizada con el nombre de Trofeo Pedal Antifascista.

La realización de esta prueba nos demuestra que el conflicto bélico, pese a provocar la suspensión de la mayoría de las competiciones del país, no anuló por completo la práctica ciclista. Hay que tener presente que el deporte se convirtió, en tiempos de guerra, en otro campo de batalla ideológica que tenía el objetivo de movilizar a la población y, a menudo, también de recaudar fondos para los combatientes destinados en el frente.

En los territorios que, como Cataluña, se encontraban bajo control republicano, se impulsaron numerosas actividades para poner el deporte al servicio del pueblo y convertirlo en un instrumento de la lucha antifascista. En este sentido, es imprescindible citar el papel del Comité Catalán Pro Deporte Popular, creado en 1936 y promotor de la frustrada Olimpiada Popular de Barcelona de julio del mismo año que pretendía erigirse en contrapeso a los Juegos Olímpicos del Berlín nazi. El Comité Catalán Pro Deporte Popular fue uno de los impulsores del Pedal Antifascista que debía sustituir a la Jaca-Barcelona con el indisimulado objetivo de promover el combate contra el fascismo.

La responsabilidad de organizar este nuevo trofeo cayó en manos de *El Diluvio,* el periódico que ya había impulsado «La Republicana», con la complicidad del Comisariado de Propaganda de la Generalitat de Catalunya y del citado Comité Catalán Pro Deporte Popular. Más allá de estas entidades, la carrera contaba también con el apoyo del Socorro Rojo Internacional, al que debían destinarse los beneficios económicos generados.

A igual que su predecesora, el Pedal Antifascista fijó su fecha de inicio el 14 de abril, con la evidente intención de reivindicar los valores de la República y promover su defensa. Pero, a diferencia de la Jaca-Barcelona, la nueva carrera no se limitaba a un día de duración, sino que se dividía en cinco etapas que enlazaban el frente de Aragón, donde las milicias y el ejército popular libraban su combate contra el fascismo, con la ciudad de Barcelona.

El Pedal Antifascista debía dar el pistoletazo de salida desde la localidad aragonesa de Siétamo, en la provincia de Huesca, pero la coyuntura bélica provocó que el inicio de la carrera tuviera que trasladarse hasta Peraltilla, un pequeño pueblo de la misma provincia un poco más alejado del frente.

La primera etapa unió, pues, Peraltilla con Lleida y fue recorrida por cuarenta y cuatro de los cincuenta ciclistas que se habían inscrito en la competición. A pesar de que muchos de ellos eran *amateurs,* la carrera contó con la presencia de algunos corredores profesionales. Entre las ausencias más destacadas cabe mencionar la de tres ciclistas valencianos, con el profesional Antonio Escuriet a la cabeza, que a pesar de estar inscritos no se presentaron en la barcelonesa estación del Norte para viajar con el grupo hasta Aragón ni tampoco llegaron a tiempo a Peraltilla por su cuenta, evidenciando la dificultad de las comunicaciones en tiempos de guerra.

A pesar de tratarse de una competición deportiva, el objetivo básico de la carrera era promover la lucha antifascista y unir el frente con la retaguardia, llevando el testimonio de aquellos que luchaban contra el fascismo en Aragón. En este sentido, tan importante era lo que pasaba en la carretera como el mensaje que la carrera transmitía en las localidades de llegada: Lleida, Tarragona, Manresa, Girona y Barcelona.

La victoria final en la prueba, que terminó en el parque de la Ciudadela de Barcelona, fue a parar a manos de Josep Fisas, de la Asociación Ciclista Montjuïc, quien, a falta de premio en metálico por decisión de la organización, recibió el trofeo forjado especialmente para la ocasión por el artista Gerard Alegre.

El perfil ideológico del Pedal Antifascista quedaba de manifiesto con algunos de los premios que la organización concedía a lo largo de la carrera, entre los que cabe destacar la Copa Komsomol, que adoptaba su nombre de las juventudes comunistas soviéticas y que había sido aportada por el Socorro Rojo Internacional del distrito IV de Barcelona.

A pesar del éxito de este primer Pedal Antifascista, que congregó un numeroso público, especialmente en las distintas llegadas de la prueba, la carrera no tuvo continuidad al año siguiente fruto de las circunstancias de la guerra. Durante la disputa de la competición, *El Diluvio* había anunciado que en 1938 se podría volver a celebrar la Jaca-Barcelona, confiando en que una victoria de las fuerzas antifascistas devolviera «la justicia y la libertad» a España. La proclama se quedó en un mero deseo que el triunfo final de las tropas franquistas desvaneció para siempre.

Así pues, la de 1937 fue la única edición del Pedal Antifascista, una carrera que puso los pedales al servicio del combate contra el fascismo y que reivindicó los valores y la causa republicana. Con este mismo objetivo, ochenta años después, la entidad El Nervi de la Llibertat decidió recuperar el Pedal Antifascista realizando cada año una de las cinco etapas que los corredores habían recorrido en abril de 1937. Un ejercicio de memoria histórica que ha permitido rescatar del olvido una carrera en la que los golpes de pedal se dieron en favor de la libertad y la democracia.

FRANCIA, 1938

UN TOUR ENTRE BARTALI Y MUSSOLINI

En 1938, con el Viejo Continente a punto de estallar, el deporte se había convertido, más que nunca, en una evidente continuación de la política por otros medios. El Mundial de fútbol que Francia había acogido durante el mes de junio así lo certificaba. Benito Mussolini, ávido de demostrar la superioridad fascista a través del deporte, había llegado hasta el extremo de amenazar, con un apocalíptico «Vencer o morir», a los integrantes de la selección italiana antes de la final en la que estos revalidaron el título de campeones.

Con este macabro antecedente, no es de extrañar que el dirigente italiano pretendiera hacer lo mismo con el Tour de Francia, prueba asimilable en repercusión y transcendencia a un Mundial de fútbol. Italia, país de gran tradición ciclista, llevaba trece años sin ganar un Tour, un honor que solo había conseguido —en dos ocasiones consecutivas, 1924 y 1925, poco después del ascenso de Mussolini al poder— Ottavio Bottechia, un deportista que, paradójicamente, había manifestado de forma pública sus firmes convicciones antifascistas.

El Tour, pues, al igual que la Copa del Mundo de fútbol, se convirtió en una de las obsesiones del Duce. Tal fijación se vio acentuada con la escalada de tensión entre la Italia fascista y Francia, donde el Frente Popular había llegado al gobierno tras las elecciones de mayo de 1936.

Esta tensión tuvo su traducción deportiva durante el primer verano de mandato del frente de izquierdas francés, cuando se vetó la participación italiana en el Tour de Francia, que se disputaba por selecciones nacionales. La sanción, argumentada en base a la ocupación italiana de Etiopía, reforzó la obsesión del Duce con que un corredor transalpino se impusiera de nuevo en París y provocó que, de cara a la edición de 1937, las autoridades fascistas, ávidas de la propaganda que una victoria deportiva de estas características conllevaba, presionaran a Gino Bartali, la gran estrella ciclista del momento en Italia, para que se decidiera a correr por vez primera la ronda francesa.

A pesar de ganar una etapa y de vestirse de amarillo durante dos jornadas, una fatídica caída camino de Briançon lo obligó a abandonar. Esta circunstancia no hizo sino aumentar el deseo de Mussolini de ver a un italiano en el peldaño más alto del podio del Tour, de modo que las presiones del régimen fascista a Gino Bartali se repitieron en la siguiente edición.

En el Tour de 1938, Bartali y el resto de corredores italianos vistieron el famoso jersey *azzurro* que también habían lucido los futbolistas que habían triunfado en el Mundial disputado el mes anterior. Después de dos semanas de carrera, Bartali cambió el color azul, inspirado en el estandarte de la dinastía de los Saboya, por un amarillo que ya no abandonaría hasta llegar a París.

La exhibición de Bartali durante aquel Tour, en el que también se impuso en el gran premio de la montaña, hizo las delicias del fascismo italiano. Al verlo cruzar en primer lugar la cima del mítico puerto del Izoard, a escasos kilómetros de la frontera italiana, en unos Alpes franceses invadidos por miles de *tifosi* que competían en fervor con los aficionados galos, el general Franco Antonelli, presidente de la federación italiana de ciclismo, le gritó su famoso «¡Gino, eres un héroe!».

Más explícito fue todavía el director del equipo transalpino, el antiguo ciclista Constante Girardengo, que explicaba, una vez terminada la prueba, que «todo había sucedido como lo había pretendido el orden fascista». «El fascismo ha querido una experiencia completa en el Tour de Francia. He recibido órdenes. Las he ejecutado», declaraba el director italiano a las páginas de *L'Auto,* el periódico organizador de la carrera.

Girardengo ya se había manifestado en esta línea cuando Bartali se vistió de amarillo tras su triunfo en Briançon, en la misma etapa de la exhibición en el Izoard; entonces, el director había declarado sin tapujos que era el Gobierno de su país «el que había querido la victoria».

Benito Mussolini y su régimen fascista instrumentalizaron sin vergüenza alguna el triunfo de Bartali en el Tour de 1938, como habían hecho con la victoria de la selección *azzurra* en el Mundial de fútbol. Su inequívoca voluntad era convertir el deporte en una herramienta de propaganda al servicio del ideal fascista. El día siguiente a la coronación de Bartali en París, el periódico *La Stampa* titulaba a toda página un ilustrativo: «Gino Bartali, digno abanderado del deporte fascista». Por si esto fuera poco, el enviado especial del diario destacaba «la brillante confirmación de la excelencia atlética y espiritual de nuestros atletas fascistas» que, para mayor regocijo del redactor, se había producido en París, «la capital del país que ha adoptado una identidad y unos métodos antifascistas».

A pesar de sus grandilocuentes discursos, el relato del régimen, que intentaba presentar a Bartali como el perfecto ejemplo de la «juventud fascista», tenía evidentes contradicciones con la realidad. El corredor toscano, un católico devoto de orientación conservadora pero alejado del fascismo, rechazó lucir la camisa negra distintiva de los escuadrones fascistas, al tiempo que «olvidó» hacer el saludo romano tras la llegada final del Tour al velódromo del Parque de los Príncipes de París. Un gesto que contrastaba de manera evidente con lo que habían hecho sus compatriotas de la selección de fútbol tras ganar el Mundial.

Quizá fuera esta la razón por la que Mussolini decidió concederle la medalla de plata al valor atlético, a diferencia de la de oro que había entregado a los futbolistas de la *squadra azzurra;* a ellos, además, los recibió en persona el Duce en el Palazzo Venezia, una deferencia que no tuvo con Bartali.

El motivo era simple, Gino era un ferviente católico, pero no podía ser considerado un fascista. Durante el Tour de 1938 asistió a menudo a misa antes del inicio de las distintas etapas, no se olvidaba nunca de rezar y quiso agradecer su triunfo visitando la parisina basílica de Nuestra Señora de las Victorias, donde depositó una corona de flores a los pies de una santa Teresa de la que era especialmente devoto. Estas profundas convicciones católicas fueron las que le llevaron, durante la Segunda Guerra Mundial, a participar en una red de resistencia que evitó que centenares de judíos italianos fueran deportados a los campos de exterminio nazis.

La heroica gesta de Bartali durante el conflicto bélico, que le valió la consideración póstuma de «justo entre las naciones» por parte del Estado de Israel en 2013, fue un título añadido a los muchos que logró a lo largo de su carrera. En cualquier caso, el que no pudo defender ni revalidar fue el del Tour en 1939, dado que el convulso clima político que se vivía en el Viejo Continente, que ya vislumbraba la guerra, provocó que los ciclistas italianos, alemanes y españoles no participaran en aquella edición de la ronda francesa.

El piadoso Bartali no volvió al Tour hasta una década después cuando, tras otra exhibición en la *Grande Boucle* de 1948, liberado por fin de toda tutela fascista, se visitó de amarillo por segunda vez en París. Y le rezó de nuevo, claro está, a su amada santa Teresa.

FRANCIA, 1940

PARÍS-ROUBAIX EN TIEMPOS DE GUERRA

A diferencia de lo sucedido durante la Gran Guerra, que conllevó la suspensión de hasta cuatro ediciones de la París-Roubaix, el estallido de la Segunda Guerra Mundial no paró por completo el desarrollo de la reina de las clásicas que, si bien no pudo recorrer su tradicional pavés entre 1940 y 1942, siguió disputándose de manera deslocalizada, primero en Le Mans y luego en Reims, durante tres singulares ediciones que el palmarés oficial de la prueba ha preferido olvidar.

Cuando el 3 de septiembre de 1939 el Reino Unido y Francia declararon la guerra a la Alemania nazi, el periódico *L'Auto,* responsable también de la organización de la París-Roubaix, además del Tour, tuvo claro que el calendario ciclista del año siguiente se vería afectado por la nueva época que se acababa de abrir en Europa.

Consciente de la gravedad de la situación, el diario quiso mostrar su compromiso patriótico combinando en sus páginas las tradicionales informaciones deportivas con noticias que recogían la actualidad de la contienda hasta el punto de convertirse, desde mediados de septiembre de 1939, en *L'Auto Soldat,* reproduciendo en su cabecera una inequívoca cita de

Voltaire que recordaba a los lectores que «todo hombre es un soldado contra la tiranía».

La evolución inicial del conflicto, marcada por la estrategia defensiva de unas fuerzas francesas que se plantaron en la línea Maginot pese a que Hitler ya se había lanzado a conquistar Europa con una operación relámpago, fue bautizada en Francia como *«la drôle de guerre»*, algo así como «la guerra de broma».

Que la guerra tuviera, en sus primeros meses, un carácter ilusorio para los franceses llevó a los organizadores a programar la edición de 1940 de la París-Roubaix para el 14 de abril. Aunque en un primer momento las autoridades militares francesas validaron el recorrido de la prueba, el hecho de que Roubaix se encontrara tan cerca de la frontera con Bélgica y fuera, por tanto, un territorio con gran actividad militar terminó motivando la revocación del permiso inicial que hizo que los responsables de *L'Auto* se replantearan el trayecto de la carrera.

La clásica nacida en 1896, que solo había visto interrumpida su andadura durante la Primera Guerra Mundial, veía nuevamente cómo otro conflicto bélico se interponía en su camino. De hecho, la guerra ya había marcado profundamente la carrera. La popular denominación de «Infierno del Norte» que la París-Roubaix sigue recibiendo hoy en día no se debe, a diferencia de lo que mucha gente suele creer, a la dureza del recorrido, sino al inferno que la prueba tuvo que afrontar en 1919, durante su primera edición tras la Gran Guerra. Una carrera que empezó con el preceptivo minuto de silencio en recuerdo a los caídos durante aquel cruel conflicto bélico, entre los que se encontraban algunos de sus vencedores, como el francés Octave Lapize o el luxemburgués François Faber, y que llevó a los ciclistas por unos terrenos impracticables que reflejaban la crudeza de la guerra y que el periodista Victor Breyer no dudó en describir como «el auténtico Infierno del Norte».

Como consecuencia de la prohibición de su recorrido tradicional, los organizadores de la carrera tuvieron la idea de invertir el trayecto y convertirla en la Roubaix-París, evitando así la llegada de la prueba a un territorio de alta tensión y bajo control de un ejército pendiente de los movimientos del enemigo nazi. Este nuevo itinerario tampoco recibió la pertinente autorización gubernamental, a pesar de que *L'Auto* había rogado al Ministerio de la Guerra francés poder realizar la carrera.

La segunda negativa obligó a un nuevo cambio de planes que llevó la prueba hasta Le Mans, de donde salió el 14 de abril de 1940. Esta singular Le Mans-París, también conocida como la París-Roubaix de guerra, tan solo congregó a sesenta y tres ciclistas, de los cuales únicamente dos no tenían nacionalidad francesa. Los tambores de guerra que resonaban en Europa evitaron una mayor participación en una prueba que terminó en el velódromo del parisino Parque de los Príncipes con victoria de Joseph Soffietti, un francés de origen italiano.

Como anécdota curiosa de esta excepcional Le Mans-París cabe reseñar que, pese a que el trayecto no tenía nada que ver con el original, la salida estuvo presidida por una gran pancarta que anunciaba la París-Roubaix.

Desgraciadamente, tan solo un mes después de la celebración de esta prueba, las tropas nazis pusieron fin a la *«drôle de guerre»* e iniciaron un feroz ataque que los llevó a invadir los Países Bajos, Bélgica, Luxemburgo y a entrar en territorio francés el 14 de mayo de 1940.

El 24 del mismo mes, Roubaix caía en manos alemanas en un preludio de lo que sucedería poco después con el resto de Francia, que fue dividida en dos partes: el norte, la zona ocupada y administrada directamente por la Wehrmacht; y el sur, la zona «libre» bajo control del Gobierno colaboracionista liderado por el mariscal Philippe Pétain.

El futuro se presentaba muy oscuro para la continuidad de la París-Roubaix, que ahora ya no dependía de los permisos de las autoridades francesas, sino de los que debían concederle las fuerzas de ocupación nazis que, para más inri, habían decidido situar la ciudad de Roubaix bajo control del alto mando alemán establecido en Bruselas.

Esta circunstancia provocó que, en las ediciones de 1941 y 1942, la reina de las clásicas volviera a deslocalizarse y abandonara su tradicional pavés para recorrer la distancia que separaba París de Reims, finalizando así el trayecto en plena región de la Champaña. Un descafeinado sucedáneo que muy poco tenía que ver con la carrera original.

Durante este tiempo, la línea editorial de *L'Auto,* que al inicio de la guerra había llamado a luchar contra la tiranía, viró de manera ostensible. A partir de julio de 1941, el periodista Albert Lejeune se había convertido en director y había seguido fielmente los dictados del departamento de propaganda nazi en Francia. Así, las páginas de *L'Auto* se mostraron especialmente hostiles con la Resistencia francesa y no dudaron en calificar de «terroristas» a sus miembros. Una colaboración en toda regla con las autoridades nazis que terminó provocando que, tras la Liberación, el periódico fuera clausurado y su director condenado a muerte y ejecutado.

Aun así, en 1943, esta complicidad con los alemanes permitió que *L'Auto* recuperara el trayecto original de la París-Roubaix y celebrara de nuevo la prueba por el temido pavés, finalizándola en el mítico velódromo de la ciudad norteña.

En dos ocasiones, pues, el «Infierno del Norte» se celebró bajo tutela de la Kommandatura nazi. Especialmente cruel resultó la edición de 1944, que se disputó pocos días después de la matanza que tuvo lugar en Ascq —un pequeño pueblo situado a una decena de kilómetros de Roubaix y que era un punto habitual de paso de la clásica—, donde una división de las SS asesinó a ochenta y seis personas.

Este acto inhumano, que las fuerzas alemanas justificaron por «la conducta traicionera» de la población de Ascq, tuvo un gran impacto en la región y reforzó la creciente hostilidad local contra las mismas autoridades nazis que habían permitido la disputa de la París-Roubaix, uno de los acontecimientos más populares del territorio.

Por si esto fuera poco, una vez finalizada la prueba de 1944, algunos tramos de la ruta fueron bombardeados por la Royal Air Force británica, que pretendía castigar así las cada vez más debilitadas posiciones de unas fuerzas nazis que ya empezaban a intuir la inminente derrota.

Era el preludio del desembarco en Normandía, de la liberación de París y del fin del dominio nazi sobre Roubaix que llegó, en este caso, el 2 de septiembre de 1944. Se ponía así punto final a una pesadilla de más de cuatro años que había forzado a la deslocalización de la clásica carrera y que había manchado su historia con dos ediciones celebradas al amparo de las autoridades de ocupación nazis. Recuerdos de una París-Roubaix en tiempos de guerra.

ITALIA, 1948

EL VERANO EN QUE BARTALI EVITÓ UNA REVOLUCIÓN

En el verano de 1948 Europa vivía nuevamente tiempos convulsos. Después del final de la Segunda Guerra Mundial, el Viejo Continente se había convertido en el escenario de un nuevo conflicto, la Guerra Fría, en el que los Estados Unidos y la Unión Soviética luchaban por ampliar sus espacios de influencia geopolítica. En este contexto, Francia e Italia se habían convertido en dos preciadas piezas del tablero internacional ya que eran dos países que, pese a mantenerse en el ámbito de influencia occidental, tenían potentes partidos comunistas. En el caso galo, esta circunstancia se evidenciaba con el resultado electoral del Partido Comunista Francés (PCF) en las elecciones legislativas de 1946, las primeras de la Cuarta República de la que el socialista Vicent Auriol había sido elegido presidente, cuando se convirtió en la primera fuerza del panorama político francés. En Italia, el Partido Comunista Italiano (PCI), liderado por Palmiro Togliatti y en cabeza del Frente Democrático Popular, había dejado clara su fuerza electoral en los comicios de 1948, al conseguir el 31% de los votos. Sin embargo, la polarización política y las presiones externas, tanto norteamericanas como soviéticas, provocaron que el vencedor de aquella primera cita con las urnas de la Italia republicana fuera la Democracia Cristiana, con un 48,5% de los votos.

Vista la situación que se vivía en Europa en aquel verano de 1948, no es de extrañar que el Tour de Francia, que se inició el 30 de junio con una etapa que enlazaba París con la localidad costanera de Trouville, tuviera un elevado componente político. En primer lugar, porque se trataba de la segunda edición de la ronda gala después de la ocupación alemana, un hecho que consolidaba a los organizadores, vinculados al conservador general Charles de Gaulle, como los herederos de la prueba, un título que se disputaban con los comunistas que también ambicionaban tomar el control de la misma. En segundo, porque el Tour de 1948 dejó para la historia una importante huella política, muy especialmente en Italia, que vivió, durante aquel mes de julio, unos acontecimientos de innegable dimensión histórica.

Desde el punto de vista italiano, aquel Tour se caracterizó por la gesta de Gino Bartali, que se proclamó vencedor de la prueba diez años después de haberlo hecho por primera vez, en 1938, en un triunfo que fue burdamente instrumentalizado por Benito Mussolini, el entonces líder supremo de la Italia fascista.

Sin embargo, el Tour no empezó demasiado bien para el corredor florentino que, el 13 de julio, justo antes de la última jornada de descanso, se encontraba a más de veintiún minutos del líder, el joven bretón Louison Bobet, aunque podía presumir de haber ganado tres etapas, entre ellas la primera, lo que le había permitido vestirse durante un día de amarillo.

El 14 de julio de 1948, la historia de aquella edición del Tour cambió para siempre, pero no a causa de ningún acontecimiento que tuviera las carreteras galas como escenario —ya que, por ser la fiesta nacional francesa, se celebraba la tradicional segunda jornada de descanso—, sino por lo que sucedió a casi setecientos cincuenta kilómetros de Cannes, la localidad de la Costa Azul donde el Tour se había detenido para descansar.

En la piazza Monte Citorio de Roma, a las puertas del parlamento italiano, a las once y media de la mañana, Antonio Pallante, un joven siciliano que estudiaba Derecho y vinculado con los círculos de extrema derecha, disparó tres tiros con una pistola del calibre 38 contra Palmiro Togliatti, diputado en la cámara legislativa y principal dirigente del PCI. La primera de las balas le impactó ligeramente en la nuca, la segunda lo hirió superficialmente en el abdomen, mientras que la tercera le perforó el tórax, quedándose a tan solo siete centímetros del corazón. La intención mortífera del autor de los disparos resultaba, pues, más que evidente.

El atentado hirió profundamente a Italia. En especial, a la Italia roja que entendió el ataque contra Togliatti como un atentado, en realidad, contra la clase obrera nacional. Es por eso que, al propagarse la noticia, los trabajadores italianos salieron a manifestarse para demostrar su indignación.

La Confederación General Italiana del Trabajo (CGIL) llamó a la huelga general y los simpatizantes comunistas tomaron las calles desencadenando un clima casi insurreccional en buena parte del país. La jornada del 14 de julio dejó el triste balance de catorce muertos —diez manifestantes y cuatro policías— y centenares de heridos.

Mientras los *carabinieri* arrestaban a Pallante y Togliatti era operado con éxito evitando el riesgo de desangramiento, Italia se precipitaba a marchas forzadas hacia una revolución comunista o una guerra civil.

Las noticias sobre lo que sucedía al otro lado de la frontera llegaron hasta Cannes, despertando una profunda preocupación tanto en los participantes italianos en el Tour como en los corresponsales transalpinos que cubrían la prueba. La mayoría de estos últimos, ante la dificultad de que Bartali o alguno de sus compatriotas pudiera ganar el Tour, decidieron volver a Roma para cubrir una revuelta que no dejaba de extenderse.

Por la noche, el teléfono de la habitación de Gino Bartali sonó a una hora bastante intempestiva. Cuando el corredor descolgó el aparato se sorprendió al descubrir que su interlocutor no era otro que Alcide De Gasperi, el jefe del Gobierno italiano y dirigente de la Democracia Cristiana, partido por el que el corredor toscano tenía evidentes simpatías. El presidente del Consejo de Ministros se dirigió al ciclista florentino para hacerlo partícipe de la situación crítica que se vivía en Italia y para exigirle una gesta deportiva que pudiera desviar la atención de su población.

Aunque se desconocen los términos exactos en los que se desarrolló la conversación, la leyenda explica que De Gasperi le reclamó a Bartali ganar la siguiente etapa alpina, con final en Briançon, como el campeón italiano ya había hecho en la edición de 1938. Una reclamación a la que el corredor respondió: «Lo haré todavía mejor. ¡Ganaré el Tour de Francia!».

Los acontecimientos de Roma y la llamada del alto mandatario dieron fuerzas a Gino Bartali, que se impuso en la primera etapa tras la jornada de descanso consiguiendo una magnífica gesta que lo llevó a reducir la distancia de veintiún minutos que lo separaba del jersey amarillo, que lucía Louison Bobet, a tan solo cincuenta y un segundos.

El 15 de julio, el clima de revuelta se extendía por toda Italia. El país estaba en llamas y así se mantuvo también al día siguiente. Los manifestantes hacían descarrilar los tranvías, dinamitaban los puestos de control ferroviarios, cortaban las carreteras, bloqueaban el tráfico y atacaban, en todas partes, las sedes de la Democracia Cristiana y de los periódicos conservadores.

Italia parecía la cuna de una nueva revolución obrera que el Gobierno pretendía combatir decretando el estado de sitio en el puerto de Génova, prohibiendo las reuniones y las manifestaciones, e instaurando un toque de queda a partir de las ocho de la tarde.

En Turín, algunos de los principales dirigentes de la FIAT fueron secuestrados por obreros organizados, mientras los enfrentamientos armados entre grupos de proletarios y la policía se generalizaban por todo el país. Estas disputas, que tuvieron lugar entre el 15 y el 16 de julio, añadieron dieciséis víctimas mortales a las que ya se habían producido el día del atentado contra Togliatti, además de otros doscientos seis heridos.

En la cámara de diputados, agitada por el atentado y fiel reflejo de la situación de extrema tensión que se vivía en el país, solo una noticia fue capaz de reducir la tirantez existente. La tarde del 16 de julio, un diputado gritó, en medio del alboroto: «¡Atención! Una gran noticia. Bartali ha ganado de nuevo la etapa y quizá también el jersey amarillo. ¡Viva Italia!». Los electos descubrieron así que Bartali se había vuelto a imponer en una etapa alpina y que se había vestido de líder, un auténtico milagro si tenemos en cuenta cuál era su clasificación dos jornadas antes.

El amarillo de Bartali tuvo un efecto balsámico en una Italia que vivía al borde del precipicio. La tarde del 16 de julio, la euforia colectiva desatada por la proeza del corredor toscano empezó a sustituir paulatinamente los actos revolucionarios.

Para la Democracia Cristiana, la remontada de Bartali era un auténtico milagro y así lo saludó el semanario de acción católica *Gioventù,* que consideró que el ciclista había vencido a Giuseppe Di Vittorio, el responsable de la CGIL, que llamaba a la huelga general y a la movilización permanente de los trabajadores.

Más allá de la leyenda, lo cierto es que no fueron solo los triunfos del democristiano Gino Bartali en el Tour los que contribuyeron a calmar la situación prerrevolucionaria. Togliatti, el comunista al que el mismísimo Stalin había ofrecido su médico personal y que llevaba el nombre de Palmiro porque había nacido un Domingo de Ramos, hizo un llamamiento a la distensión desde la misma habitación del hospital donde se recuperaba de las heridas.

La consigna de Togliatti, añadida a la epopeya de Bartali, hizo su efecto. A partir del 17 de julio de 1948, las calles italianas empezaron a tranquilizarse. Ni revolución, ni guerra civil. El país fue volviendo paulatinamente a la normalidad mientras veía cómo su ciclista predilecto se acercaba cada vez más a París vistiendo el preciado jersey amarillo.

El corredor toscano todavía tuvo tiempo de ganar una última etapa, la séptima de su cuenta particular en aquella edición del Tour, antes de llegar, el 25 julio, a la capital francesa donde certificó su segundo triunfo en la *Grande Boucle.* Cuando Gino subió al podio, la situación en Italia distaba mucho de la que se había vivido apenas diez días antes. Y el palmarés que el equipo transalpino había conseguido en la carrera tenía mucho que ver con ello. Los italianos se llevaron ni más ni menos que el jersey amarillo, el gran premio de la montaña y el triunfo en diez de las veintiuna etapas de la prueba.

A su manera, Bartali y sus compatriotas contribuyeron a evitar el triunfo de una revolución comunista dejando para los anales que su formidable actuación en el Tour de 1948 cambió para siempre la historia de Italia.

FRANCIA, 1952

VICHY-PARÍS, MÁS QUE UNA ETAPA

La concreción del recorrido de una carrera ciclista, y más si hablamos de una prueba de la dimensión del Tour de Francia, no es nunca una decisión neutra. En el momento de establecer su trazado se tienen en consideración aspectos económicos y deportivos, ciertamente, pero también otros de dimensión histórica, social y política. Un ejemplo lo encontramos en el inicio del Tour de 1968 desde la localidad de Vittel, mundialmente conocida por el agua mineral, cuando se instauraron definitivamente los controles antidopaje tras la edición anterior, marcada por la muerte del ciclista británico Tom Simpson durante el ascenso al Mont Ventoux fruto de la explosiva mezcla entre alcohol, calor y anfetaminas; otro ejemplo fue la última etapa del Tour de 1989, que unió Versalles y París coincidiendo con el bicentenario de la Revolución Francesa y que será siempre recordada por la victoria final del norteamericano Greg LeMond sobre el francés Laurent Fignon por tal solo ocho segundos, la diferencia más corta que se ha producido nunca en el Tour de Francia entre el vencedor y el segundo clasificado de la prueba.

Sin embargo, la etapa con mayor simbolismo político que ha vivido el Tour —con permiso de las primeras ediciones, celebradas en el marco de la cuestión territorial entre Francia y Alemania por la soberanía sobre Alsacia y Lorena— es la que el 19 de julio de 1952 enlazó la localidad de Vichy con París, tan solo siete años después del final de la Segunda Guerra Mundial.

Esta es la única ocasión en la historia de la ronda gala en la que Vichy se ha convertido en ciudad-etapa. Otras veces, como por ejemplo en 2008, la localidad termal vio cómo el pelotón transitaba por sus calles, pero sin ser punto de partida o de llegada de una etapa. Tal circunstancia solo se produjo en 1952, cuando Vichy acogió el final de la contrarreloj que había empezado en Clermont-Ferrand y, al día siguiente, fue el punto de partida de una larguísima etapa final del Tour, 354 kilómetros hasta la meta en París, una longitud nada habitual incluso en aquella época.

La excepcional extensión parece poner de manifiesto que, más que a las necesidades deportivas de la carrera, la decisión de hacer una etapa entre Vichy y París respondía al intento de realizar un acto de reconciliación nacional que dejara atrás las divisiones que habían marcado el país durante la ocupación alemana. Con este itinerario quedaban unidas la capital del Estado francés colaboracionista con los alemanes, dirigido por el mariscal Phillipe Pétain entre 1940 y 1944, y la capital histórica de Francia que había recuperado su condición tras la liberación del yugo nazi.

Las implicaciones políticas del trayecto no pasaban por alto a nadie, máxime si tenemos en cuenta que Vichy, situada geográficamente en el centro de Francia, no había acogido nunca el paso del Tour, que acostumbraba a trazar su recorrido por las costas y las fronteras del país.

Es cierto que para realizar una etapa de estas características hubo que esperar hasta la sexta edición del Tour de

Francia celebrada tras la Segunda Guerra Mundial, ya que la carrera francesa por excelencia no retomó su actividad hasta 1947, después de una encarnizada disputa por su legado. Es muy probable que la idea de unir Vichy con París ya estuviera en la mente de los organizadores desde 1947, pero que no se atrevieran a ponerla en práctica hasta unos cuantos años después del fin de la guerra.

Antes de la invasión nazi, Vichy había alcanzado renombre en Francia y en el conjunto de Europa por sus famosas aguas termales, que propiciaban que centenares de miles de visitantes, mayoritariamente de un origen social acomodado, se dieran cita en los más de seiscientos hoteles que la ciudad tenía a principios del siglo xx.

Esta gran capacidad hotelera de Vichy resultaría, a la postre, un elemento clave en su elección como capital del Estado francés colaboracionista. Otros elementos que influyeron en la decisión fueron su posición geográfica y su perfil político conservador, el mismo que solían tener los aristócratas, burgueses, militares y clérigos que acostumbraban a visitarla.

A todo ello cabría añadir los defectos que Pétain encontró a las ciudades con las que competía. Lyon, que por población y peso político debería haber sido la capital natural de este nuevo Estado francés, estaba bajo el control de Édouard Herriot, uno de los principales rivales políticos de Pétain. Clermont-Ferrand, cuna de la fábrica Michelin, era una ciudad demasiado obrera y no contaba con suficientes alojamientos de calidad para acoger al Gobierno. Marsella tenía demasiados inmigrantes y a menudo se la asociaba con actividades ilícitas. Toulouse era demasiado de izquierdas. Perpiñán estaba muy al sur y contaba con un volumen considerable de republicanos españoles que se habían establecido en la ciudad tras la victoria franquista. Ante los defectos de sus competidoras, Vichy se erigió como la mejor opción para acoger la capitalidad de la Francia no ocupada por los alemanes, pero era abiertamente cómplice de estos.

De hecho, entre 1940 y 1944, el Gobierno de Vichy fue responsable del encarcelamiento de decenas de miles de disidentes, del envío de centenares de miles de ciudadanos franceses a trabajar en favor de la maquinaria de guerra alemana o de la deportación de más de setenta mil judíos. Una vergüenza que todavía hoy pesa sobre la memoria de Francia.

A efectos prácticos, la decisión de establecer la capital en Vichy multiplicó su población. De los cerca de veinticinco mil habitantes que la ciudad tenía al final de la década de 1930 se pasó a casi ciento veinte mil en 1940. A la localidad termal llegaron unos cuarenta y cinco mil funcionarios que, con decenas de miles más de trabajadores, casi llenaron las cien mil plazas hoteleras con que la ciudad contaba en aquella época.

La capitalidad marcó para siempre la historia de Vichy. En el imaginario colectivo francés y europeo, su nombre ya no se asociaba con las aguas termales sino que se convirtió en sinónimo de colaboracionismo. En 1944, cuando Francia fue liberada de la ocupación nazi, las nuevas autoridades locales intentaron disociar el nombre de la ciudad de la complicidad con el Tercer Reich. Con esta idea, situaron, en la entrada a la localidad, un cartel de protesta que afirmaba: «Vichy no es la sede de un Gobierno traidor a la patria sino la reina de las ciudades termales». Más abajo protestaba contra «el descrédito inmerecido infligido a una ciudad que también ha tenido sus prisioneros, sus deportados, sus héroes y sus mártires».

Así, para lavar el nombre y la imagen de la localidad después de la guerra, las autoridades, aliadas con el sector turístico, trataron de renovar la vieja gloria que habían tenido sus aguas termales.

En este contexto debe situarse el paso del Tour de 1952 por la ciudad, que tenía una evidente finalidad simbólico-política —unir Francia, enterrar las divisiones—, pero también económica, ya que pretendía impulsar el turismo termal y recuperar para Vichy la clientela perdida desde 1940.

A pesar de que las dos jornadas en las que Vichy acogió el Tour de Francia fueron un éxito de público, no puede decirse que la ciudad mostrase excesivo entusiasmo. Las crónicas periodísticas locales distaban mucho de la exaltación que se manifestaba en otros lugares. Un diario llegó a calificar la prueba de «Tour del ruido» y las críticas a la caravana publicitaria y a la actitud de las masas, seguramente de un origen mucho más popular que la clientela que tradicionalmente visitaba Vichy, estuvieron a la orden del día.

Curiosamente la prensa, tanto la de ámbito local como nacional, pasó de puntillas sobre la espinosa y reciente memoria del régimen de Vichy. Hasta *L'Humanité,* el periódico comunista que acostumbraba a recoger las historias de resistencia y de lucha obrera de los lugares por los que el Tour transitaba, guardó un extraño silencio sobre el papel de Vichy durante la guerra.

En cierta manera, existió un acuerdo tácito, por parte de la organización y de la prensa, de no poner excesivo énfasis en la significación política de la etapa Vichy-París, como si la reconciliación nacional que esta pretendía se consiguiera de forma subliminal, simplemente con enlazar los nombres de ambas ciudades en el acontecimiento deportivo que mayor pasión despertaba en la Francia de la época.

Más allá de su innegable dimensión histórica y política, la etapa Vichy-París del Tour de 1952 se saldó con el triunfo del francés Antonin Rolland, representante de la nueva generación de corredores galos que había emergido tras la

Segunda Guerra Mundial, y con la victoria en la general del italiano Fausto Coppi, uno de los grandes símbolos de la Italia progresista; paradójicamente, Coppi, que durante la guerra había sido hecho prisionero por las tropas británicas de Montgomery en el norte de África, pasó el cautiverio en Túnez y Argelia, sendas colonias francesas bajo el control de Vichy. Así, la victoria del italiano cerraba el círculo, desde la vertiente deportiva, de la dimensión social y política de aquella etapa Vichy-París que quedará para siempre en la historia del Tour.

ARGELIA, 1955

AHMED KEBAÏLI, GRAN PREMIO A LA COMBATIVIDAD

El argelino Ahmed Kebaïli se erigió, durante las décadas de 1940 y 1950, en el mayor exponente de una generación norteafricana de corredores que consiguió, por vez primera, imponerse a los colonos que tradicionalmente habían dominado la disciplina ciclista. Una lucha que no solo libró sobre la bicicleta ya que, con el estallido de la guerra de Argelia, se convirtió en combatiente por la libertad de su país y pagó por ello un elevado precio en forma de cárcel y tortura. He aquí la historia del león de Blida, un ciclista que merece, sin lugar a dudas, el mayor premio a la combatividad.

En la jerga ciclista suele utilizarse el término francés *baroudeur* para referirse a los combativos aventureros a los que no les importa atacar desde lejos aun a sabiendas de la dificultad de la empresa. Por su significado y por su origen, este concepto define a la perfección el carácter de Ahmed Kebaïli: en árabe, *baroud* significa pólvora, lo que hizo que, en el argot militar francés, la palabra sirviera para designar un combate. De aquí que los *baroudeurs* sean, a menudo, los que libran batalla para llevarse el premio a la combatividad.

Kebaïli tuvo que luchar desde muy joven para salir adelante. Nació en 1925 en la Argelia colonial francesa, donde la población musulmana autóctona eran ciudadanos de segunda categoría. Las limitaciones sociales y las necesidades económicas, a las que habría que añadir la temprana muerte de su padre, forzaron a Kebaïli a abandonar los estudios con apenas trece años para incorporarse como aprendiz de electricista en una empresa de Blida, una de las principales ciudades de la extensa y fértil llanura de la Mitidja, donde se habían establecido numerosos colonos europeos.

Cuando la compañía para la que trabajaba abrió una delegación en la base militar de Blida, situada a unos diez kilómetros de la ciudad, su madre compró al pequeño Ahmed una modesta bicicleta para que pudiera ir a trabajar. El regalo le cambiaría la vida.

Más allá de la sensación de libertad que toda bici proporciona durante los años de la adolescencia, la existencia de Kebaïli dio un vuelco: cruzarse a menudo con los muchos ciclistas de alto nivel que habitaban en su región le despertó la pasión por los pedales hasta el punto de que, poco después, decidió incorporarse a las filas del Vélo Sport Musulman (VSM), un club nacido en Argel en 1936 que agrupaba a los nativos musulmanes amantes de la práctica del ciclismo.

Este popular club, que contaba con aproximadamente quinientos corredores —cifra que lo convertía en la mayor cantera ciclista del norte de África—, no era una entidad exclusivamente deportiva. El VSM tenía una inequívoca dimensión política y agrupaba a los nacionalistas argelinos que ansiaban el fin de la dominación colonial francesa. El ciclismo, uno de los deportes más populares en la Argelia de la época, junto con el fútbol y el boxeo, era un terreno donde los nativos musulmanes podían derrotar a sus rivales de origen europeo en lo que era una evidente metáfora de la lucha política anticolonial.

La llegada de Kebaïli fue una auténtica bendición para el VSM que, gracias a él, consiguió uno de sus principales objetivos: vencer, por fin, a los colonos franceses, grandes dominadores de las pruebas ciclistas norteafricanas.

El primer gran éxito de Ahmed llegó en 1941 durante la disputa de la prueba argelina de la Premier Pas Dunlop, una carrera abierta a los jóvenes ciclistas que oficiaba de campeonato juvenil de Francia. La competición, patrocinada por la empresa de neumáticos Dunlop, se celebraba en todos los lugares donde esta tenía una sucursal comercial, también en las colonias, y terminaba con una final que decidía el título de mejor *espoir* del ciclismo francés.

Tras recorrer las calles de Argel y llegar líder a la meta en el bulevar Carnot, el céntrico paseo marítimo de la ciudad, Kebaïli se convirtió en el primer musulmán argelino en imponerse en la Premier Pas, poniendo así fin a la hegemonía que los ciclistas de origen europeo habían ejercido sobre la prueba.

El triunfo desató la euforia entre los simpatizantes del VSM, que veían cómo el colonialismo francés a pedales había sido derrotado por uno de los suyos sobre el asfalto de Argel. La hazaña llevó a soñar con que el joven Ahmed se impusiera también en la fase final de la competición que, para los territorios controlados por el Gobierno de Vichy, se celebró en Montluçon.

Durante la final, Kebaïli plantó cara a los mejores jóvenes franceses que lo miraban por encima del hombro y terminó en una meritoria séptima plaza, lo que le valió que el VSM apostara por él y le comprase una auténtica bicicleta de carreras. Nada que ver con aquella que le había regalado su madre para que pudiera ir a trabajar.

Desde entonces, Kebaïli ganó prácticamente todas las carreras que, en su categoría, se disputaban en Argelia y en

1948, tras quedar cuarto en el campeonato de Francia *amateur* del año anterior, se convirtió en profesional al firmar por el Volta, un equipo de la metrópoli.

Su brillante progresión hizo que formara parte del primer equipo de África del Norte que participó en el Tour de Francia de 1950 —que, entonces, se disputaba por selecciones nacionales y equipos regionales franceses—, participación que se repetiría en las siguientes cuatro ediciones.

A pesar de no lograr grandes éxitos en la clasificación general de las carreras por etapas, el *baroudeur* Kebaïli consiguió triunfos parciales en el Tour de Argelia, en el de Marruecos y en la prestigiosa Dauphiné Libéré; su creciente popularidad como figura pública lo convirtió en un icono publicitario y comercial: incluso llegó a ser la imagen de Coca-Cola en Argelia, lo que parecía transformarlo en un indígena aculturizado y asimilado al modo de vida occidental, una idea reforzada por su excelente dominio de la lengua de Molière.

Nada más lejos de la realidad. A pesar de haberse convertido en un ciclista de éxito, en una *vedette* publicitaria y en un empresario que había abierto, en Blida, una tienda de bicicletas de la marca Terrot —la misma que patrocinaba al equipo en el que corría—, Ahmed Kebaïli era un convencido nacionalista argelino que no dudó en integrarse en el Comité Revolucionario para la Unidad de Acción, el antecedente del Frente de Liberación Nacional (FLN), creado en octubre de 1954 y que, el 1 de noviembre de ese mismo año, desencadenó la lucha armada para la liberación del país. El ciclista era en resumen, un militante de primera hora que se apuntó a la revolución argelina cuando su expectativa de éxito era más bien escasa: además de un *baroudeur* sobre la bicicleta, Kebaïli era también un *moudjahid,* es decir, un combatiente, en lenguaje del FLN. El león de Blida empezó repartiendo panfletos y terminó implicándose en la lucha armada poniendo en riesgo su carrera deportiva y también su vida.

Una de sus vivencias más curiosas tiene que ver con su labor como conductor del vehículo que transportaba a varios responsables del FLN en la región de la Mitidja, entre los que se encontraba el coronel Amar Ouamrane. Al volante de ese coche clandestino en el que viajaban varios dirigentes del FLN, Kebaïli advirtió un control del ejército francés e interpeló al coronel sobre la conducta a adoptar. Este le invitó a seguir sus consignas, con la idea de abrir fuego contra los militares galos. Lo que podía haberse convertido en una auténtica carnicería terminó sin un solo rasguño gracias al oficial francés responsable del control, que reconoció a Kebaïli y conversó con él sobre sus gestas deportivas al tiempo que le preguntaba amablemente hacia donde se dirigía. El ciclista respondió que se iba al mar con sus amigos y allí terminó la historia. Los éxitos y la fama que se había forjado como ciclista le salvaron, pues, la vida como *moudjahid*.

El león de Blida no tuvo tanta suerte el 11 de julio de 1955, cuando fue arrestado por las autoridades francesas acusado de actividades clandestinas en el seno del FLN. Aquella detención, a la que siguió una condena de cinco años de cárcel, terminó con su carrera ciclista. El triunfo que había conseguido menos de tres meses antes en una etapa del Tour de Marruecos, el 18 de abril de 1955, fue su última gran victoria ciclista.

Después de ser condenado por un tribunal militar, Kebaïli ingresó en la prisión de alta seguridad de Barberousse, situada en las alturas de la Casbah de Argel. Allí coincidió con el poeta Moufdi Zakaria, que le enseñó árabe, una lengua que Kebaïli no dominaba con tanta fluidez como el francés. Cuenta la leyenda que en esa misma cárcel Zakaria escribió, por encargo del FLN, la letra del himno nacional argelino y que, en ausencia de papel y bolígrafo, la grabó con su propia sangre en los muros de la celda que lo acogía.

Además de Barberousse, Kebaïli también conoció las prisiones de Blida y de Berrouaghia, donde estuvo encerrado hasta 1960 y fue víctima de graves torturas como las que narró Aïssa Kechida, uno de sus compañeros de cárcel y militancia. En su obra *Los arquitectos de la Revolución,* Kechida relató cómo los militares franceses sacaron a Kebaïli de la celda tras descubrir, en el cadáver de un *moudjahid* muerto durante un enfrentamiento, una carta manuscrita enviada por el ciclista. Después de este incidente, Kebaïli fue salvajemente torturado y devuelto a la cárcel en un estado lamentable.

Una vez cumplidos los cinco largos años que pasó en los penales coloniales, el león de Blida fue finalmente liberado en 1960. Aun así, su sufrimiento no terminó con la excarcelación: ya en la calle, descubrió que la Organización del Ejército Secreto (OAS) —la estructura formada por militares franceses de extrema derecha que se negaban a admitir la autodeterminación de Argelia que el presidente Charles de Gaulle había puesto encima de la mesa— lo había condenado a muerte. Los fascistas de la OAS no le perdonaban ni su militancia en el FLN ni sus supuestas «simpatías comunistas».

De hecho, Ahmed Kebaïli había sido uno de los participantes, entre los muchos deportistas célebres que se daban cita en Argel, de los encuentros semanales que organizaba *Alger Sprint,* la sección deportiva del periódico *Alger Républicain,* una cabecera comunista represaliada en varias ocasiones y que, durante los años cincuenta, tomó partido por la causa independentista.

Al igual que sus compañeros combatientes, el *baroudeur* Kebaïli vio cómo, en julio de 1962, la independencia de

Argelia, el sueño por el que había luchado durante toda la vida, se convertía por fin en una realidad. Con el nacimiento de la joven república argelina, Kebaïli asumió distintas responsabilidades en el seno del ciclismo local. El león de Blida fue el último presidente del prestigioso Vélo Sport Musulman —que desapareció en 1966 para dar paso a nuevos clubes— y director general del Tour de Argelia —recuperado en 1970 tras un largo paréntesis— para convertirse, más adelante, en presidente de honor de la federación ciclista argelina.

Los reconocimientos no solo le llegaron de la Argelia por la que tanto había luchado, sino también del Tour de Francia, que lo invitó a la llegada de su edición centenaria para recordar sus cinco participaciones defendiendo los colores del equipo norteafricano en los tiempos del colonialismo francés. Un colonialismo contra el que el *moudjahid* y *baroudeur* Ahmed Kebaïli luchó con todas sus fuerzas, haciéndose merecedor del gran premio a la combatividad tanto a pedales como a pie.

FRANCIA, 1955

PARÍS BIEN VALE UNA ESCAPADA. LA EPOPEYA DE MIQUEL POBLET

La España gris de los años cincuenta andaba más bien huérfana de grandes hazañas deportivas internacionales. Por eso, la epopeya de Miquel Poblet en su primera participación en el Tour de Francia, durante el verano de 1955, fue como un auténtico rayo de sol para los aficionados hispanos al ciclismo. El «divino calvo» de Montcada i Reixac se convirtió en el primer ciclista del sur de los Pirineos en vestir el legendario maillot amarillo tras ganar al esprint la etapa inicial de la ronda francesa. Por si eso fuera poco, Poblet demostró que era algo más que un velocista excepcional al coronar en primer lugar la cima del Tourmalet y repitiendo triunfo de etapa en el Parque de los Príncipes parisino gracias a una brillante escapada. Estos éxitos consagraron internacionalmente al corredor catalán que vivió, en 1955, uno de los mejores años de su carrera.

Después de una larga trayectoria ciclista, iniciada en 1944 con tan solo dieciséis años, Miquel Poblet se atrevió, en 1955, a participar por vez primera en una gran vuelta. Con el objetivo de llegar a julio en plena forma, el corredor de Montcada empezó el año disputando la renacida Vuelta a Andalucía, que celebraba su segunda edición después de tres décadas de parón. A pesar de tener que abandonar la carrera, Poblet se anotó el primer triunfo de la temporada tras levantar los brazos en la meta malagueña de la etapa inaugural de una prueba que, símbolo del aislamiento internacional de la España de la época, contó con un solo corredor extranjero entre los 86 inscritos: el marroquí Abdelkader Mizmizi.

Quizá por eso, Poblet decidió seguir con su preparación allende las fronteras españolas: el 27 de febrero, se proclamó vencedor del prestigioso critérium organizado por el periódico *L'Écho d'Oran* —popular cabecera que contaba en aquella época con una tirada de más de cien mil ejemplares— en la Argelia colonial francesa. Con la perspectiva de la historia, resulta cuando menos curiosa la celebración, con total normalidad, de una carrera ciclista en una Argelia que vivía los primeros meses de su guerra de independencia tras el levantamiento protagonizado, el 1 de noviembre de 1954, por el Frente de Liberación Nacional argelino, que realizó numerosos atentados simultáneos en una jornada considerada como el inicio formal del conflicto bélico.

Las autoridades francesas siempre se resistieron a hablar de guerra para referirse a Argelia. Así pues, aunque al inicio de 1955 decidieran aumentar el número de soldados destinados a la colonia norteafricana y, poco después, terminaran decretando el estado de emergencia en una parte de su territorio, el poder francés siempre hablaba de los «acontecimientos de Argelia». Un eufemismo para esconder la guerra que se libraba en el país y que afectaba, es verdad, sobre todo a sus zonas rurales.

Por este motivo, *L'Écho d'Oran* decidió organizar con normalidad la carrera ciclista que apadrinaba, tal y como había hecho desde 1947 y como haría hasta 1960, tan solo dos años antes de la independencia que terminó con la nacionalización del periódico y su puesta al servicio de la causa de la joven Argelia libre bajo el nuevo nombre de *La République.*

La edición de 1955 del critérium oranés estrenaba un nuevo circuito que recorría el recién inaugurado paseo marítimo; el pistoletazo de salida lo dieron, ante una bandera tricolor que recordaba que Argelia era aún colonia francesa, el presidente del consejo de administración de *L'Écho d'Oran,* Lucien Perrier, y Achille Joinard, máximo dirigente de la federación ciclista gala. Ante más de setenta mil espectadores que llenaron el recorrido de la prueba demostrando la pasión por el ciclismo existente en el país, Poblet se alzó con el triunfo después de una escapada en solitario y de resistir los ataques del campeón del mundo, Louison Bobet, y de su colega francés, Jacques Dupont, quienes pese a su empeño no lograron atraparlo.

La gesta del ciclista catalán fue aplaudida con entusiasmo por el periódico organizador, que en su edición vespertina del mismo día de la carrera titulaba a toda página *«Le champion espagnol Miguel Poblet vainqueur à panache»,* una glosa de la actitud combativa que el de Montcada había mantenido durante la prueba.

Antes de estrenarse en el Tour de Francia, Poblet tuvo todavía tiempo de ampliar su palmarés con dos nuevos triunfos: en Bilbao, gracias a su victoria en la tercera etapa de la Bicicleta Vasca, y en Montpellier, imponiéndose en la reconocida Midi Libre francesa.

Aunque no llegaba al Tour con una preparación específica homologable a la que realizaban los grandes nombres del ciclismo europeo de la época, Poblet se presentó en la ronda con un buen balance tras los meses anteriores de competición y con la ilusión de quien se enfrenta a uno de los grandes retos de su carrera.

El corredor catalán, conocido entonces entre el pelotón con el apodo de «Sancho Panza» debido a su origen hispano, su baja estatura y sus formas más bien abultadas para los estándares ciclistas, se convirtió en una de las grandes revelaciones del Tour de 1955 que ganó, por tercera vez consecutiva, el bretón Louison Bobet, el mismo al que Poblet había conseguido dejar atrás en las calles de Orán meses antes.

En la etapa inicial de la ronda francesa, en la que se estrenaba la *foto finish* para dilucidar el vencedor en los finales ajustados, Miquel Poblet se impuso con claridad al esprint sin necesidad de que los jueces tuvieran que validar su triunfo gracias a la nueva tecnología. En la meta de Dieppe, el catalán dejó atrás a grandes esprínteres como el francés Louis Caput o el belga Edgard Sorgeloos y logró un hito sin precedentes para el ciclismo hispano: ataviarse con el maillot amarillo que distinguía al líder de la clasificación general de la prueba.

Así, a pesar de que únicamente pudo lucir en dos ocasiones la preciada prenda —durante la contrarreloj por equipos que constituía la segunda parte de la primera etapa y en la siguiente jornada, que terminaba en Roubaix después de transitar por los temidos pavés—, el de Montcada pasó a la historia por ser el primer ciclista del sur de los Pirineos en vestir de amarillo.

Las hazañas galas de «Sancho Panza» no se limitaron al esprint en las carreteras de la Normandía. A lo largo de toda la ronda francesa, Poblet demostró ampliamente sus virtudes como ciclista, que iban mucho más allá de su condición de gran velocista. Durante la decimoctava etapa, que enlazaba Saint Gaudens y Pau, Poblet atacó nada menos que a Louison Bobet para coronar en primer lugar la cima del Tourmalet, desatando la euforia entre los espectadores españoles que se habían congregado en la cumbre, muchos de los cuales eran refugiados republicanos que habían cruzado los Pirineos tras la Guerra Civil y el triunfo franquista.

De hecho, varios de estos exiliados habían querido charlar personalmente con Poblet en la etapa que había finalizado en Ax-les-Thermes, muy cerca de la frontera española. De entre las muchas cuestiones que los refugiados planteaban insistentemente al corredor catalán en el hotel donde este descansaba, destacaban las que tenían que ver con la situación en la España franquista y con sus posibilidades de regreso. Algunos de los que saludaron a Poblet en Ax-les-Thermes lo hicieron de nuevo en Montcada, haciéndole saber que sus palabras les habían ayudado a decidirse a abandonar el exilio.

Lo cierto es que Miquel Poblet bien podía haber sido uno de ellos, ya que el corredor catalán siempre explicaba que su padre, viendo lo irremediable del triunfo franquista, se planteó abandonar su Montcada natal para marcharse con su familia al exilio. Solo la intervención de su madre, que le espetó «¿De qué tienes miedo? No eres de ningún partido, no has hecho nada», terminó por hacer cambiar de opinión al patriarca de los Poblet.

Después de ganar al esprint y de coronar en primer lugar el Tourmalet, Miquel Poblet completó su epopeya en el Tour del 55 con una nueva victoria de prestigio: su triunfo en la última etapa de la ronda francesa. Con esa victoria, Poblet se convirtió también en el primer español en ganar en París y escribió su nombre en un palmarés que incluía a las grandes figuras del ciclismo, con varios vencedores del Tour de Francia entre sus filas.

La victoria de Poblet en París no fue consecuencia de un buen esprint, como en Dieppe, sino de una escapada similar a la que había protagonizado meses antes en Orán.

El «divino calvo» atacó al pelotón a doce kilómetros de la meta y mantuvo la ventaja hasta entrar victorioso en un velódromo del Parque de los Príncipes lleno hasta la bandera que coreó la gesta de un ciclista de combate. De alguien con *«panache»*, como les gusta decir a los franceses.

La osadía de Miquel Poblet no solo tuvo recompensa en forma de una prestigiosísima victoria de etapa, sino que reportó al corredor de Montcada más de un millón de francos en primas, gracias, entre otros, a su tercer puesto en la clasificación general del maillot verde o al premio a la combatividad. Una cifra nada desdeñable dadas las penurias que se vivían en la España de los cincuenta.

Tras su epopeya en el Tour, Miquel Poblet completó su espectacular palmarés con varias victorias en los critériums de agosto y septiembre a los que el público acudía ansioso por ver de nuevo a las grandes estrellas de la ronda francesa, que aprovechaban dicha circunstancia para hacer caja. El «divino calvo» se alzó con el triunfo en los critériums de Abbeville, de Bellegarde, de Château-Chinon y de Ganges, a los que cabría añadir varios podios en otras carreras similares. Este brillante palmarés lo situó en la primera línea del ciclismo mundial.

Al año siguiente, el de Montcada volvió a Francia y aunque ganó una nueva etapa al esprint en La Rochelle, su idilio con la ronda gala se truncó; en la decimocuarta etapa se vio forzado a abandonar. La situación se repitió en 1957 cuando, en su tercer y último Tour, Poblet tuvo que retirarse tras haber disputado únicamente cuatro etapas.

Al fichar por un equipo italiano, el catalán inició, en 1956, un largo romance con el Giro: en su primera participación ganó cuatro etapas y en 1961 consumó una gesta muy parecida a la del Tour de 1955, al vencer en tres etapas y vestir, durante seis días, la *maglia rosa* de líder; hasta entonces, el valenciano Salvador Botella había sido el único corredor español en vestir el maillot, en una solitaria jornada en la edición de 1958.

Sus veinte triunfos de etapa en el Giro y sus tres en el Tour y en la Vuelta, a los que hay que sumar dos victorias en la general de la Volta a Catalunya y sus dos monumentos conseguidos en la Milán-San Remo, hacen que Miquel Poblet sea considerado el mejor ciclista catalán de todos los tiempos.

Y fue precisamente su origen el que estuvo a punto de provocarle un disgusto después de una visita a Argentina, hacia el final de su carrera, en la que un periodista local le preguntó si era gallego, a lo que el de Montcada contestó: «¡No! ¡Yo soy catalán!». La espontánea respuesta de Poblet desencadenó un conflicto al más alto nivel ya que podía dar a entender que el laureado corredor, uno de los grandes iconos deportivos de la España franquista, no se consideraba español. A su regreso a la península, el ciclista recibió la orden de comparecer ante José Solís, el ministro secretario general del Movimiento, una de las más altas autoridades del régimen. El ministro le reprendió con dureza al tiempo que le explicaba: «Pero ¿usted no sabe que allá los españoles somos todos gallegos? ¿No sabe que por decir esto hay gente que ha ido a la cárcel?».

En eso no le faltaba razón al ministro. La dictadura no dudaba en reprimir a quien cuestionaba su régimen autoritario o renegaba de su adscripción nacional. En aquella comparecencia ante Solís, Miquel Poblet contó con la complicidad del ministro de Asuntos Exteriores, Fernando María Castiella, a quien el ciclista había conocido cuando coincidieron en Italia, uno compitiendo en un equipo transalpino y el otro como embajador ante la Santa Sede, que sabía perfectamente que Poblet distaba mucho de ser un «peligroso separatista».

Esta cercanía con el poder franquista abrió varias puertas a Poblet cuando, una vez retirado, se convirtió en industrial y lideró la delegación española de la empresa transalpina de electrodomésticos Ignis, la misma que había patrocinado al equipo en el que compitió entre 1957 y 1962, y que terminó abriendo una fábrica en su localidad natal. Al inicio de sus andanzas como empresario, Poblet llegó a visitar el palacio de El Pardo en compañía de Giovanni Borghi, el fundador de la marca italiana, y del procurador en Cortes José Antonio Elola-Olaso para entrevistarse con Francisco Franco. Gracias a la veteranía y al ojo empresarial de Borghi, la visita terminó con los representantes de Ignis regalando medio centenar de neveras a Carmencita, la hija única del dictador, para que pudiera utilizarlas la Junta contra el cáncer en la que estaba implicada.

La anécdota ilustra la trascendencia que los triunfos de Poblet, y muy especialmente sus hazañas en el Tour de 1955, tuvieron en aquella España gris de los años cincuenta y que sirvieron para romper, a nivel deportivo, el aislamiento internacional en el que Franco y su régimen vivían desde 1939.

POLONIA, 1956

UN ELECTRICISTA EN BICICLETA PARA RESTAURAR EL ORGULLO NACIONAL

El contexto político que vivía la Europa del Este tras la Segunda Guerra Mundial, caracterizado por la tutela que la Unión Soviética ejercía con mano de hierro sobre sus países aliados, propició que el deporte se convirtiera en uno de los escasos terrenos donde los satélites de Moscú podían desafiar el dominio del todopoderoso «hermano» soviético. Este sentimiento era especialmente profundo en Polonia, un país limítrofe con la URSS y cuyo territorio ya se había encontrado, en distintas etapas de su historia, bajo dominación rusa. Es por eso que el épico triunfo del corredor Stanisław Królak ante los primeras espadas del ciclismo soviético en la Carrera de la Paz de 1956 fue celebrado como una auténtica conquista nacional polaca. Esta victoria anticipó la primera gran revuelta que el país protagonizó contra el Gobierno de la joven República Popular, al que muchos de sus conciudadanos tildaban de marioneta de Moscú.

Al igual que sucedió con la mayoría de ámbitos de la vida pública, el ciclismo polaco tuvo que reinventarse tras la Segunda Guerra Mundial, un conflicto que castigó con especial dureza al país y que dejó un paisaje de desolación y destrucción en prácticamente todo su territorio. Ante esta situación, el ciclismo de la nueva República Popular, de acuerdo con los valores comunistas del Partido Obrero Polaco que la encabezaba, se organizó en base a los principios que ya regían el deporte soviético y que rechazaban una profesionalización que, en la Europa Occidental, era algo normal desde hacía tiempo.

Una de las primeras decisiones, fruto de la iniciativa de un grupo de editores y periodistas, fue retomar la que había sido hasta entonces la principal prueba ciclista polaca, la Wyścig Dookoła Polskim, conocida actualmente con el nombre de Tour de Polonia. Esta prueba, que databa de 1928 —es decir, de tiempos de la Segunda República Polaca, cuando el país recuperó la independencia tras la Primera Guerra Mundial—, fue desempolvada en 1947 con una edición de bolsillo que gozó de gran popularidad, aunque tuvo que disputarse en unas carreteras todavía devastadas por la guerra.

A pesar del éxito de público de esta renacida vuelta a Polonia, que se celebró anualmente desde entonces salvo un breve paréntesis de dos años al inicio de la década de 1950, las autoridades comunistas, seguramente porque los orígenes de la prueba se remontaban a la Polonia de entreguerras, prefirieron volcarse en una nueva iniciativa ciclista que había surgido en 1948: la carrera entre Varsovia y Praga. Esta competición, que enlazaba en los dos sentidos las capitales de Polonia y de Checoslovaquia, nació fruto de la colaboración entre los periódicos comunistas de ambos países, *Trybuna Ludu* y *Rudé Právo,* a los que, en 1952, se unió *Neues Deutschland,* el órgano oficial del Partido Socialista Unificado que gobernaba la República Democrática de Alemania (RDA), propiciando que la carrera prolongara su recorrido hasta llegar a Berlín.

La preferencia de las autoridades comunistas por la Varsovia-Praga, que, a partir de 1950, pasó a ser conocida con el nombre de Carrera de la Paz, era más que lógica. En primer lugar, era una competición creada por la Polonia comunista, el nuevo país que las autoridades prosoviéticas querían forjar. En segundo, la prueba estaba impregnada del discurso de hermandad y paz entre los pueblos que defendían los Gobiernos socialistas del Este europeo. Sin ir más lejos, a la denominación oficial de Carrera Internacional de la Paz se añadía el símbolo: la paloma que Pablo Picasso —artista de públicas y notorias simpatías comunistas— había pintado en 1949 para el congreso del Comité Mundial de Partidarios de la Paz y que, desde 1950, pasó a decorar el maillot del líder de la prueba. Por si esto fuera poco, la fecha de inicio de la carrera se fijó en el Primero de Mayo, la fiesta internacional de la clase trabajadora.

Con estos antecedentes, no es de extrañar que el certamen se convirtiera en la niña de los ojos de las autoridades de todos los países del bloque soviético, que pasaron rápidamente a considerarla la versión comunista y *amateur* del Tour de Francia, la competición ciclista por excelencia. Este hecho motivó que, a partir de 1954, la Unión Soviética participara en la carrera, propiciando el estallido de una gran rivalidad entre los equipos nacionales de los países del Este y el combinado soviético, una competencia que muchas veces trascendía el ámbito deportivo y era interpretada como una posibilidad de revancha frente a la dominación política que la URSS ejercía sobre sus satélites.

En este contexto hay que situar la hazaña de Stanisław Królak, un joven electricista nacido en 1931 que inició, en 1949, una prometedora carrera ciclista que lo llevó a defender los maillots del Sarmata y del Legia, ambos grandes clubes polideportivos de la capital polaca estrechamente vinculados a la historia del país. El primero, por ser creado en 1921 por el

Partido Socialista Polaco y el sindicato de tranvías; el segundo, por haber sido fundado, en 1916, en plena Primera Guerra Mundial, como el club de las Legiones Polacas para pasar a convertirse, posteriormente, en la entidad deportiva del ejército de la Polonia independiente.

Królak, que había estrenado su palmarés en 1949 con la victoria en la Copa Życie Warszawy —organizada por el periódico homónimo, otra publicación cercana al poder comunista—, se consolidó rápidamente como una de las grandes promesas del ciclismo polaco imponiéndose en el campeonato nacional en ruta de 1952, el mismo año en el que se estrenó en la Carrera de la Paz, consiguiendo una nada desdeñable vigesimosegunda posición.

Desde entonces, el electricista Królak se convirtió en un participante recurrente de la Carrera de la Paz, en la que ganó dos etapas durante su segunda participación. Ambas victorias, que tuvieron lugar en suelo patrio, en dos jornadas que terminaban en Breslavia y en Varsovia, despertaron el fervor del público y le valieron al joven ciclista la prestigiosa Cruz de Oro al Mérito, un galardón con el que las autoridades comunistas polacas reconocían sus logros «en el campo de la cultura física y del deporte».

Después de varios triunfos de etapa, tanto en la Carrera de la Paz como en la Vuelta a Polonia, y de un nuevo campeonato nacional en ruta obtenido en 1955, el gran éxito de Stanisław Królak llegó en 1956, cuando se convirtió en el primer polaco en imponerse en la Carrera de la Paz, la competición ciclista por excelencia a ese lado del telón de acero.

La victoria de Królak fue más importante, si cabe, dado el contexto político en el que se producía, pues en 1955 el dominio político soviético sobre Polonia se había recrudecido. En primer lugar, porque ese mismo año se había firmado el

Tratado de Amistad, Colaboración y Asistencia Mutua entre los países del bloque del Este, más conocido como el Pacto de Varsovia, que fue oficialmente sellado en la capital polaca. En segundo, porque Varsovia vio culminado el faraónico proyecto de construcción del Palacio de la Cultura y la Ciencia, el edificio más alto de la ciudad, regalo de la Unión Soviética a un pueblo polaco que, en su inmensa mayoría, siempre lo percibió como un símbolo de la sumisión a Moscú. Este edificio gigantesco, que debía llevar el nombre de Iósif Stalin, un hecho que finalmente se descartó tras su muerte y el inicio del proceso de desestalinización, fue motivo de burlas populares, pero cambió para siempre el perfil de la ciudad, recordando permanentemente a sus habitantes los vínculos de sus dirigentes con la Unión Soviética.

Atendiendo a dicha situación, es fácil comprender por qué el triunfo de Królak en la Carrera de la Paz de 1956 se convirtió en un hito nacional para una parte significativa del pueblo de Polonia. Al margen de que su victoria fuera la primera de un ciclista polaco en dicha competición en un momento en el que el país solo podía presumir de haber vencido en la clasificación por equipos de la primera Varsovia-Praga, en 1948, la alegría entre sus compatriotas fue mayúscula porque el electricista de Varsovia se impuso a un omnipotente combinado soviético que se alzó con el triunfo en la clasificación por equipos, una categoría que, dada la naturaleza de los valores del deporte en los países socialistas, tenía un valor casi tan importante, si no más, que la clasificación final individual.

En esa Carrera de la Paz de 1956, Stanisław Królak se alzó con el triunfo en la octava etapa, que enlazaba Leipzig con Karl-Marx Stadt, logrando enfundarse, de manera épica, el jersey adornado con la paloma diseñada por Picasso, un maillot que ya no abandonaría hasta la llegada final a Praga a pesar de las embestidas de Constantin Dumitrescu, el rumano que terminó segundo en la general.

La victoria, lograda ante la flor y nata del ciclismo soviético, elevó a Stanisław Królak a la categoría de héroe nacional, pues el pueblo polaco interpretaba que su hazaña era mucho más que un simple triunfo deportivo. De hecho, la gesta de Królak coincidió con ciertos vientos de cambio en Polonia. Pocas semanas antes de la carrera, que arrancó el 2 de mayo de 1956, había fallecido Bolesław Bierut, conocido como el «pequeño Stalin polaco», mientras asistía al congreso del PCUS en el que Nikita Kruschov se mostró favorable a la desestalinización. Por si eso fuera poco, escasas semanas después del final de la Carrera de la Paz de 1956, Polonia vivió el estallido de la primera gran revuelta popular contra el Gobierno comunista, un levantamiento obrero que comenzó en junio en la ciudad de Poznan y que llevó al país a las masivas manifestaciones de octubre que terminaron con Władysław Gomułka, un antiguo prisionero de las cárceles de la Polonia estalinista, elegido primer secretario del gubernamental Partido Obrero Unificado Polaco, con el apoyo de Kruschov y con un discurso que reclamaba mayor soberanía para Polonia y una vía propia del país al socialismo.

A pesar de que las propuestas de Gomułka se quedaron en un mero espejismo porque Moscú continuó ejerciendo una férrea tutela sobre Varsovia, el triunfo de Stanisław Królak había permitido a Polonia recuperar su orgullo formando parte esencial de la efervescencia nacional que el país experimentó durante 1956.

Tiempo después, durante las décadas de 1970 y 1980, ya en pleno auge de la oposición al régimen comunista, los triunfos de Ryszard Szurkowski (vencedor en las ediciones de 1970, 1971, 1973 y 1975), Stanisław Szozda (que se impuso en 1974) y Lech Piasecki (triunfador en 1985) en la clasificación general de la Carrera de la Paz reeditaron el espíritu de Królak. Era la hora de una nueva generación de corredores polacos, hija de la hazaña de aquel electricista varsoviano que logró vencer a los grandes ciclistas soviéticos devolviendo el orgullo nacional a una Polonia herida.

REINO UNIDO, 1958

CUANDO LA VUELTA A LA GRAN BRETAÑA ERA LA LECHE

Si alguna vez alguien había creído que el Reino Unido no era un territorio propicio para la pasión ciclista, el entusiasmo con que las gentes del histórico condado de Yorkshire acogieron el *Grand Départ* del Tour de Francia de 2014 se encargó de desmentirlo. Las dos etapas que enlazaron Leeds con Harrogate y York con Sheffield recorriendo las sendas de la zona más verde de Inglaterra sacaron a centenares de miles de espectadores a las carreteras hasta el punto de que la empresa organizadora de la ronda francesa, Amaury Sport Organisation (ASO), decidió, a partir de 2015, impulsar el Tour de Yorkshire, una prueba por etapas que ha tenido una efímera existencia fruto del impacto de la pandemia de COVID-19 que terminó provocando su cancelación.

Aunque el observador foráneo pueda pensar lo contrario, la pasión ciclista de los británicos no es, ni mucho menos, un fenómeno de eclosión reciente. Durante la Segunda Guerra Mundial, el ciclismo anglosajón intentó promover una carrera por etapas a imagen y semejanza del Tour francés. Una iniciativa que cristalizó en la popular Milk Race, un certamen mayoritariamente *amateur* que, durante tres décadas y media, hizo las delicias de los aficionados de la isla. Una competición muy querida por el público local que era, literalmente, la leche.

Los orígenes de la Milk Race, el nombre comercial que durante treinta y cinco años tuvo la Vuelta a la Gran Bretaña, hay que buscarlos en plena Segunda Guerra Mundial, cuando Winston Churchill lideraba la lucha de las tropas británicas contra la expansión global del nazismo. En junio de 1942, la localidad galesa de Llangollen acogió la salida de una carrera de un día que quería convertirse en el embrión de una futura versión británica del Tour de Francia. La iniciativa no gustó a la Unión Nacional Ciclista, el organismo que regía el deporte de la bicicleta en el Reino Unido desde el siglo XIX, y provocó el nacimiento de una nueva organización, la Liga Británica de Corredores Ciclistas. Esta última, tras varios intentos fallidos de consolidar una competición en plena contienda, promovió, una vez hubo terminado la guerra, el Victory Cycling Marathon. Una nueva carrera por etapas que enlazaba Brighton con Glasgow, cruzando prácticamente toda Inglaterra y que pretendía celebrar con toda pompa la victoria aliada sobre los nazis.

Que la promotora de esta auténtica vuelta ciclista a la Gran Bretaña fuera una entidad situada al margen de la Unión Ciclista Internacional provocó que los participantes extranjeros en la primera edición de la prueba, la de 1945, procedieran de organizaciones rebeldes que tampoco eran reconocidas por sus respectivas federaciones ciclistas nacionales. En el caso francés, por ejemplo, los corredores estaban afiliados a la Federación Deportiva y Gimnástica del Trabajo, una organización vinculada a los partidos socialista y comunista, que proporcionó un nutrido grupo de ciclistas entre los que destacaba Robert Batot, quien a la postre acabaría alzándose con el triunfo en la clasificación general.

Desde su creación, la Brighton-Glasgow, bautizada poco después con el nombre de Tour of Britain para acentuar el parecido con la célebre prueba gala, tuvo distintos patrocinadores que iban desde periódicos, como el *News of the World*, el *Sporting Records* o el *Daily Express*, hasta empresas de cereales como Quaker Oats.

La titubeante historia inicial de la carrera cambió para siempre gracias a la iniciativa de Dave Orford, un corredor semiprofesional oriundo de la ciudad de Derby, que tuvo la idea de presentar una original campaña publicitaria a la Milk Marketing Board, la agencia gubernamental británica encargada de controlar la producción y la comercialización lechera, que consistía en estampar el eslogan *«Drink more milk»* («Bebe más leche») en los maillots de todos los corredores *amateurs* y semiprofesionales que competían en las muchas pruebas del país. Esta circunstancia permitiría dar a entender que las carreras habían sido ganadas gracias a las bondades de la leche y, a cambio, los vencedores recibirían una prima extra de diez libras a cargo de la agencia.

La idea de asociar leche y ciclismo complació a los directores publicitarios de la Milk Marketing Board que, ya desde el inicio de los años cincuenta, desarrollaban ingeniosas campañas publicitarias como la que popularizó el simpático eslogan *«Drinka pinta milka day»* («Bebe una pinta de leche al día», en un inglés coloquial y más bien incorrecto). De hecho, los publicistas de la agencia fueron más allá de la propuesta de Orford y le transmitieron que preferían patrocinar una gran competición ciclista. Fue así como, a partir de 1958, la Vuelta a la Gran Bretaña se convirtió en la Milk Race, la Carrera de la Leche.

El acuerdo fue todo un éxito y la popularidad de la competición aumentó enormemente. Que los equipos estuvieran integrados por selecciones nacionales y que, a partir de 1961, se abriera la participación a corredores del otro lado del telón de acero contribuyó enormemente a multiplicar la pasión británica por esta carrera, a pesar de que, hasta 1985, estuvo limitada a los ciclistas *amateurs*. La prueba creció exponencialmente y llegó a prácticamente todos los confines de la isla, hasta el punto de que la edición de 1969 recorrió nada menos que 2435 kilómetros en quince largas etapas que, entre otros muchos puntos de la geografía británica, cruzaron el condado de Yorkshire, uno de los que acogía con mayor entusiasmo el paso de la serpiente multicolor.

La reputación de la carrera, estrechamente asociada al consumo de leche en el imaginario británico, atrajo a un número cada vez mayor de participantes internacionales, procedentes especialmente de Europa del Este, lo que convirtió la prueba en otro campo de batalla deportiva en el contexto de la Guerra Fría. Los comunistas británicos aplaudieron la primera participación soviética en la Milk Race, en la edición de 1966, y el periódico *Socialist Worker* cubrió ampliamente la competición, que consideró como un acto diplomático de primer orden.

La relación de los corredores soviéticos con la Milk Race se convirtió en una auténtica historia de amor, ya que los ciclistas originarios del país de los sóviets lograron inscribir hasta siete veces, todas entre 1977 y 1988, sus nombres en lo más alto de un palmarés que tenía un prestigio internacional creciente.

El éxito del patrocinio lechero fue tal que, en 1967, la agencia gubernamental decidió extenderlo a la Vuelta a Escocia, que pasó a llamarse Scottish Milk Race; se convirtió así en la hermana pequeña de la carrera británica, que llegó a su apogeo durante los años 80, cuando fue incluso objeto de un popular videojuego que recogía el trazado de la edición de 1987, con un apoteósico final en Londres y con numerosas etapas que recorrían los verdes prados de Yorkshire.

A pesar de abrirse al profesionalismo a partir de 1985, la llegada de los noventa certificó la muerte de la que, a lo largo de tres décadas y media, había sido, sin lugar a dudas, la carrera ciclista más querida del Reino Unido.

Hay quien añade esta pérdida a la lista de agravios que alimentaron el voto favorable al Brexit, ya que la popular competición desapareció cuando la Milk Marketing Board se convirtió en uno de los objetivos de las leyes antimonopolio dictadas por la Unión Europea desde Bruselas. La leche era el único producto agrícola del que el Reino Unido podía garantizar su autosuficiencia pero, en 1993, de acuerdo con la legislación comunitaria, el Parlamento británico adoptó la Agriculture Act, que supuso la desregulación del mercado lechero y la conversión de la Milk Marketing Board en una agencia con funciones residuales que terminó disolviéndose poco después.

Ese mismo 1993 en que Londres adecuaba sus leyes a las imposiciones europeas, la agencia lechera patrocinó la última edición de la Milk Race, que competía entonces con el Kellogg's Tour, otra vuelta ciclista a la Gran Bretaña, en este caso destinada exclusivamente a corredores profesionales. La competición patrocinada por la multinacional de cereales no corrió mejor suerte que la de la agencia lechera y vivió su última edición bajo ese nombre en 1994.

El Tour of Britain aún tuvo un pequeño epílogo antes del final del siglo con dos ediciones, en 1998 y 1999; tras un lustro de silencio, en 2004 se recuperó como parte del circuito UCI Europe Tour, el mismo en el que se integró el Tour of Yorkshire, la popular vuelta ciclista que, entre 2015 y 2019, intentó tomar el relevo de la Milk Race en el corazón de los británicos, pero que desapareció fruto de la pandemia de COVID-19 y de los problemas económicos que de ella se derivaron.

FRANCIA, 1964
«COSA DE HOMBRES»

Durante los años sesenta, mientras el brandy Soberano triunfaba proclamando que era «cosa de hombres» y Manuel Fraga ocupaba una flamante cartera ministerial en el Gobierno franquista, España vio cómo su industria turística, esa misma que aprovechaba el lema *«Spain is different!»* como reclamo, alzaba el vuelo hasta convertirse en uno de los principales pilares de su economía.

Las playas hispanas se llenaron de chicas venidas del norte que parecían no tener ningún pudor en lucir sus cuerpos en bikini. Esa imagen de la mujer liberada de allende los Pirineos nos hizo creer que los prejuicios morales del nacionalcatolicismo eran parte de la «diferencia española». Nada más lejos de la realidad. Es cierto que la falta de libertad, en todos los sentidos, era una evidente particularidad hispánica, pero también que no era oro todo lo que relucía y que las mujeres europeas, las francesas entre ellas, tenían que enfrentarse a muchísimas restricciones. Sin ir más lejos, hasta 1979, tenían vedado participar en la caravana del Tour de Francia. Una prohibición que la popular cantante Dalida desafió en 1964 disfrazándose de hombre para poder seguir una etapa cerca de los corredores; no era la primera mujer que rechazaba la idea de que la caravana del Tour, como el Soberano, era cosa de hombres.

Cabe decir que la Francia de los sesenta poco tenía que ver con la España dictatorial de ese mismo tiempo. Aunque la música yeyé triunfaba en ambos países y *vedettes* como Dalida —nacida en El Cairo y proclamada Miss Egipto antes de trasladarse a París, donde terminó convirtiéndose en una de las cantantes más populares— se escuchaban a ambos lados de los Pirineos, la cordillera todavía marcaba profundas diferencias entre ambos territorios: Francia era una democracia que había derrotado al nazismo y España era una dictadura fascista. Desde el final de la Segunda Guerra Mundial, las francesas tenían derecho a votar, una conquista que las españolas no lograrían hasta la muerte de Franco, pese a que habían podido hacerlo antes que sus vecinas del norte gracias a la Segunda República.

Aun así, el derecho a voto y la imagen de la mujer francesa liberada, fumando y paseándose en bikini o minifalda escondía otra realidad bastante menos halagüeña. A principios de los sesenta, aquella década que terminaría con el estallido liberador, especialmente en materia sexual, de Mayo del 68, las francesas no podían vestir pantalón, no podían trabajar ni abrir una cuenta corriente sin el permiso del padre o del marido, no podían acceder a la Bolsa de París o, entre muchas otras limitaciones, tampoco podían formar parte de la caravana ciclista del Tour de Francia.

Existir, las ciclistas existían. Desde finales del siglo XIX, con la popularización del deporte de la bicicleta, fueron varias las mujeres que lo practicaron. En 1908, Marie Marvingt se inscribió en el Tour de Francia y pese a que se le negó el permiso para participar en una ronda que estaba reservada únicamente a los hombres, la polifacética deportista recorrió, casi de forma paralela a sus homólogos masculinos, todas y cada una de las etapas consiguiendo llegar a París después de recorrer los casi cuatro mil quinientos kilómetros de la prueba.

A pesar de la gesta de Marvingt, la presencia femenina era abiertamente rechazada por el pelotón, como se encargó de recordar el flamenco Joseph Van Dam que, en 1926, no dudó en manchar con la grasa de la cadena de su bicicleta la vestimenta de una de las dos jóvenes ciclistas que se habían aventurado en medio del pelotón.

El rechazo a las mujeres no se limitaba estrictamente a la competición. Las periodistas tampoco eran bienvenidas y, durante décadas, fueron escasas las que pudieron acercarse a los ciclistas. De entre ellas destaca la figura de Colette, escritora, periodista, actriz y artista de cabaret y de *music-hall,* que cubrió la última etapa de Tour de 1912 para el periódico *Le Matin.* La prolífica novelista hizo gala de su condición de símbolo de la liberación de la mujer convirtiéndose en la primera figura femenina en narrar la ronda francesa. A Colette la sucedió Paule Hultzer, enviada especial del vespertino *Paris-Soir* para el que cubrió el Tour de 1934. En una de sus crónicas más celebres, la periodista explicaba, dirigiéndose especialmente a sus lectoras, los mecanismos para poder aproximarse a un entorno tan misógino como el de la caravana ciclista. El principal consejo para tener éxito en la empresa era disfrazarse, ya fuera de hombre, de periodista, de *miss* de etapa o de enfermera, prácticamente las únicas profesiones que tenían derecho a acercarse al pelotón.

La regla que excluía a las mujeres de la caravana ciclista tuvo, como toda norma que se precie, sus pertinentes excepciones hasta que fue finalmente abolida en 1979. Una de las más notorias fue la de Janine Anquetil, esposa del quíntuple campeón francés del Tour, que no solo acompañaba a su marido durante la ronda gala, sino que ejercía de consejera y representante, asumiendo la negociación de los contratos.

Más allá de algunas mujeres de los corredores, que maldecían una prohibición que concedía evidentes ventajas a las concubinas y amantes fugaces, como se encargó de recordar Henri Pélissier, vencedor del Tour de 1923, una de las presencias femeninas recurrentes en la ronda francesa fue la acordeonista Yvette Horner que, entre 1952 y 1963, se convirtió en uno de los personajes más queridos del Tour gracias a sus interpretaciones musicales, tanto durante el paso de la carrera como en los bailes de final de etapa. Por si eso fuera poco, la intérprete originaria de Tarbes, en el corazón de los Pirineos, era la responsable de otorgar los maillots a los vencedores y a los líderes de las distintas clasificaciones, lo que le concedió una enorme popularidad.

De hecho, en 1964, la también intérprete Dalida fue contratada para animar con sus canciones las fiestas posteriores al final de cada etapa, lo que la llevó a prodigarse por los escenarios de toda Francia durante el verano en que Anquetil y Poulidor libraron uno de sus antológicos duelos en la carretera. Paradójicamente, aunque formaba parte del espectáculo del Tour, Dalida no estaba autorizada a participar en la caravana que acompañaba a los ciclistas durante las etapas.

Tuvo que ser una idea de dos legendarios cronistas del Tour, Antoine Blondin y Pierre Chany, la que le permitió seguir un par de etapas desde el coche que ocupaban los periodistas. Para no levantar sospechas, Dalida se puso un mono, una gorra y unas gafas de sol para disfrazarse de hombre. Así, de incógnito, la popular cantante que animaba las llegadas de la ronda francesa pudo disfrutar de la carrera saltándose la absurda prohibición.

El gesto desobediente, un divertimento para el pillo Blondin, quedó en el terreno anecdótico ya que la presencia de las mujeres en la caravana no fue autorizada hasta 1979, mucho después de que se levantase la prohibición femenina de vestir pantalón o de trabajar y abrir una cuenta bancaria sin autorización del padre o del marido.

Lo cierto es que, durante los años sesenta, las mujeres y el ciclismo no eran una combinación muy apreciada por el gran público. En 1955, se había organizado el primer Tour de Francia femenino con una cuarentena de participantes afiliadas a la Federación Francesa de Ciclismo y a la socialista Federación Deportiva y Gimnástica del Trabajo. Pese a la curiosidad que despertó la iniciativa, no se repitió hasta 1984, casi tres décadas después.

Seguramente la razón haya que buscarla en la poca prédica que por entonces tenía aún el ciclismo femenino en una sociedad que consideraba, evidentemente de forma equivocada, que este no era el deporte más apropiado para las mujeres. Prueba de ello es que, en 1960, las licencias femeninas en el seno de la federación ciclista francesa eran únicamente treinta y cuatro en todo el país. Una cifra que, quince años después, apenas había aumentado hasta las cuatrocientas.

Afortunadamente, y pese al largo camino que todavía queda por recorrer, el ciclismo y sus caravanas han dejado de ser solo cosa de hombres. Quizá el mejor ejemplo sea la vergüenza que pasa el antiguo ciclista y actual director del equipo Groupama-FDJ, Marc Madiot, que cuenta con una importante sección femenina en su estructura, cada vez que se le recuerda el episodio que protagonizó ante Jeannie Longo cuando coincidió con ella en un plató televisivo durante el Tour de 1987 y no se le ocurrió otra cosa que rebuznar: «Ver una mujer bailar, para mí, es muy bonito, pero verla jugando a fútbol o sobre una bicicleta es feo. Y si mis hermanas se dedicaran al ciclismo, renegaría de ellas...». Como él mismo ha afirmado, si hoy declarara semejante aberración hasta el mismísimo primer ministro lo destrozaría. Y no sin razón.

ESPAÑA, 1968

BICIS ENTRE BOMBAS

Durante la primavera de 1968, el mundo contemplaba atónito cómo jóvenes de todos los rincones del planeta se alzaban contra el viejo orden que habían heredado de sus progenitores. Desde París hasta Tokio, desde Praga hasta Nueva York, ni un solo confín del globo parecía escapar a la oleada revolucionaria que protestaba contra la guerra de Vietnam al tiempo que soñaba con la construcción de una sociedad más justa.

La Vuelta a España de 1968, que arrancó el 25 de abril en Zaragoza cuando ya se barruntaba esta revuelta global, no escapó a la agitación y vivió uno de los momentos más trágicos de su historia al ver cómo un artefacto explosivo detenía la caravana de la prueba a su paso por la navarra sierra de Urbasa y amenazaba, incluso, con parar definitivamente la carrera.

La España de aquellos años se hallaba bajo un poder dictatorial ejercido con mano de hierro que, aun así, había encontrado una fuerte oposición en el País Vasco, donde el nacionalismo empezaba a pregonar la insurgencia, influido por movimientos de liberación nacional como el argelino o el vietnamita.

En 1959, fruto de una escisión en el seno de las juventudes del Partido Nacionalista Vasco, había nacido ETA que, pese a no haber causado todavía ninguna víctima mortal, ya defendía una estrategia de lucha armada contra el poder franquista que también parecían abrazar los representantes de las juventudes del PNV, bautizadas con el nombre de Eusko Gaztedi Indarra, que podría traducirse como Fuerza Juvenil Vasca.

Uno de los objetivos preferentes de la incipiente actividad armada de ETA era el periódico *El Correo Español-El Pueblo Vasco,* que, desde 1955, se encargaba de la organización de la Vuelta a España y había convertido la ciudad de Bilbao, donde se publicaba el diario, en la sede más habitual de la llegada de esta prueba ciclista.

Pocos meses antes del inicio de la Vuelta de 1968, ETA había promovido un boicot al periódico vizcaíno y había atentado contra sus oficinas en Bilbao acusándolo de manipular las informaciones relativas al movimiento nacionalista vasco y de estar al servicio de la oligarquía local, una de las aliadas preferentes del franquismo.

A finales de abril, con la Vuelta ya en marcha, dos miembros de un comando de ETA intentaron atentar nuevamente contra *El Correo Español* atacando, esta vez, sus oficinas en la localidad guipuzcoana de Éibar, si bien la bomba que llevaban estalló antes de lo previsto hiriéndolos y propiciando su detención. No obstante, el incidente hizo saltar todas las alarmas, ya que las cinco últimas etapas de aquella edición de la carrera ciclista iban a desarrollarse en Navarra y en el País Vasco, un territorio donde, el año anterior, la Vuelta ya había vivido un sabotaje, atribuido al entorno *abertzale.* Durante la disputa de su última etapa, a treinta kilómetros de la meta bilbaína, en pleno descenso del puerto de Sollube, el pelotón se encontró con una curva rociada con aceite y llena de chinchetas, lo que provocó numerosas caídas y abundantes pinchazos, aunque no llegó a parar el paso de la prueba.

El estado de alerta que se vivía desde la entrada de la Vuelta al País Vasco, donde llegó procedente de Santander, no pudo evitar que el 9 de mayo de 1968, casi al mismo tiempo que los estudiantes franceses alzaban las barricadas en el Barrio Latino de París, un artefacto explosivo estallara en plena celebración de la decimoquinta etapa de la prueba, que enlazaba Vitoria y Pamplona. Al inicio del descenso del puerto de Urbasa, en el kilómetro sesenta y tres de la etapa, poco después de que el pelotón hubiera entrado en Navarra y poco antes de que tuviera que afrontar este punto exacto de la carrera, una bomba colocada en medio de la carretera, probablemente en la conducción de aguas que la atravesaba, explotó provocando un gran agujero en la calzada.

Que la explosión se produjera poco antes del paso del pelotón evitó la tragedia, pero, aun así, el descenso de la cima de Urbasa fue escenario de momentos de gran tensión con los corredores y la Guardia Civil como protagonistas. La coincidencia de la detonación con las amenazas que algunos de los ciclistas habían recibido, en las que se les sugería que evitaran adentrarse en territorio vasco, provocó que muchos de los participantes se mostraran favorables a la cancelación de la carrera.

La organización y la Guardia Civil, por su parte, intentando minimizar los estragos que había causado la explosión, se esforzaban para que la Vuelta siguiera su curso, una situación que provocó fricciones entre un teniente coronel y el ciclista José Pérez-Francés, que luchaba con Felice Gimondi por hacerse con el maillot amarillo de líder de la prueba, hasta el punto de que el guardia civil acusó al corredor cántabro de «cobarde, traidor y amigo de los terroristas» por querer parar la carrera.

Finalmente, la organización decidió suspender la etapa, pero continuar al día siguiente con el recorrido previsto, que transcurría íntegramente por territorio vasco y navarro. Esta decisión no gustó a una parte importante del pelotón, que era partidaria de cancelar definitivamente la competición.

La actitud del presidente de la federación española de ciclismo, Manuel Serdán, que amenazó con retirar la licencia a los corredores que se negaran a tomar la salida, acabó decantando la balanza en favor de continuar la ruta, pero, eso sí, con una escolta de la Guardia Civil que multiplicó por cinco los efectivos que hasta entonces habían velado por la seguridad de la prueba. Aun así, no se pudo evitar que la Vuelta tuviera que hacer frente a un nuevo sabotaje cuando se adentró en el País Vasco francés, donde se había intentado parar, sin éxito, el rumbo de la comitiva utilizando chinchetas.

Todas estas acciones tenían una finalidad evidente para sus promotores: evitar la normalización del paso de la Vuelta por el País Vasco con el objetivo de reivindicar que Euskadi no era España, sino un territorio en lucha contra la dictadura franquista y defensor de su liberación nacional.

La responsabilidad del atentado de Urbasa contra el paso de la prueba ciclista fue atribuida, de manera casi unánime, a ETA, probablemente porque esta poco antes había protagonizado los dos ataques contra *El Correo Español.* Sin embargo, el atentado contra la Vuelta fue obra de EGI, la organización juvenil del PNV que, a imagen de lo que sucedía con la juventud de buena parte del globo, se había radicalizado durante los años sesenta y había terminado mostrándose partidaria de la lucha armada.

En concreto, el explosivo de Urbasa lo colocó el grupo navarro de EGI, muy activo durante aquel periodo y cuya actividad terrorista acabaría tras el fallecimiento, casi un año después, el 6 de abril de 1969, de Jokin Artajo y de Alberto Asurmendi al estallarles la bomba que transportaban en el interior de un vehículo.

Estas muertes alejaron a EGI y al PNV de la estrategia armada, que quedó en manos de una ETA que, semanas después de acabada la Vuelta de 1968, provocó su primera víctima mortal cuando, en un enfrentamiento fortuito, Txabi Etxebarrieta asesinó al guardia civil José Pardines; unas horas más tarde, el militante etarra resultó muerto en un tiroteo con agentes de la benemérita.

A pesar de los sobresaltos y del clima de extrema tensión que se vivió durante las últimas etapas de aquella Vuelta del 68, el pelotón consiguió llegar a la meta en Bilbao. Lo hizo, eso sí, acompañado por la citada escolta policial movilizada desde todos los rincones del territorio español.

A nivel deportivo, el italiano Felice Gimondi sentenció la prueba con su victoria en la contrarreloj entre Hernani y Tolosa, donde frustró los intentos de Pérez-Francés por hacerse con el jersey amarillo. Así, el ciclista transalpino se coronó vencedor de la Vuelta el 12 de mayo de 1968, convirtiéndose en el segundo corredor de la historia, tras el mítico Jacques Anquetil, en alzarse con la victoria en las tres grandes rondas ciclistas del panorama internacional. Es decir: Tour, Giro y Vuelta.

Mientras Gimondi recibía, desde el peldaño más alto del podio, el título que lo acreditaba como vencedor, a pocos kilómetros de una Bilbao tomada por la policía franquista, Francia se preparaba para afrontar la huelga general más grande de su historia. La misma que marcó uno de los puntos álgidos del recordado Mayo francés. La Vuelta, por su parte, cerraba una de sus ediciones más agitadas, donde las bicicletas compartieron protagonismo con las bombas y los sabotajes.

FRANCIA, 1968

UNA REVOLUCIÓN EN BICICLETA

El Mayo francés, la movilización que durante la primavera de 1968 protagonizaron los estudiantes galos, que llegaron a paralizar el país y a hacerle creer que la revolución era posible, tuvo un papel clave en el posterior desarrollo del ecologismo político. Aunque aquella revuelta estudiantil, que ansiaba una mayor libertad y cuestionaba el orden y el poder establecidos, no puede ser considerada como una rebelión verde, no es menos cierto que llenó las calles de Francia de bicicletas, convirtiendo este medio de transporte sostenible, del que el ecologismo no ha dudado en hacer bandera, en uno de los grandes protagonistas de aquella primavera en la que todo parecía posible.

Durante el mes de mayo de 1968, los cimientos del poder tradicional francés se tambalearon. Las movilizaciones iniciadas por los estudiantes parisinos se trasladaron al ámbito laboral y los trabajadores empezaron a ocupar empresas, dando inicio a la huelga general más importante que Francia conoció a lo largo del siglo xx.

La ocupación de la Sorbona y las noches de barricadas que se vivieron en el Barrio Latino de París durante los primeros trances de la rebelión dieron paso, a partir del 14 de mayo, a la toma de las grandes empresas cuando los trabajadores de la aeronáutica estatal francesa Sud Aviation se encerraron en sus instalaciones, dando un impulso clave al movimiento huelguista.

A esta primera ocupación de una fábrica le siguieron otras muchas, como la de la automovilística Renault, una empresa icónica para la sociedad y la economía francesa, lo que ayudó enormemente a la extensión de la movilización obrera y estudiantil.

El 20 de mayo, Francia se encontraba completamente paralizada por la huelga. Más de diez millones de trabajadores habían decidido interrumpir su actividad laboral y el país vivía un clima revolucionario que presagiaba que la caída del poder que representaba De Gaulle era mucho más que una lejana posibilidad.

La huelga en los transportes públicos, combinada con la que se vivía también en el sector de los hidrocarburos y que había provocado la escasez de combustible, cambió completamente el paisaje de las principales ciudades francesas. Los peatones y las bicicletas tomaron las calles de las que los automóviles empezaban a desertar. Dando cuenta de la gravedad de la situación que se vivía en la capital francesa, el periódico *Le Parisien* explicaba, el 29 de mayo, lo siguiente a sus lectores: «Los coches escasean pero el tráfico en París se muestra tan complicado como siempre por culpa del aparcamiento anárquico provocado por los cortes de luz que afectan a los semáforos y, sobre todo, por las colas que siguen produciéndose cerca de las pocas estaciones de servicio que entregan, con cuentagotas, gasolina a las categorías profesionales prioritarias».

En un momento en que llenar el depósito del coche era una auténtica quimera, la bicicleta emergió como el principal medio de transporte alternativo; se convirtió, asimismo, en el vehículo que permitía los enlaces entre los jóvenes estudiantes que habían iniciado la rebelión, como lo certifica uno de los carteles creados por el Taller Popular de la antigua escuela de Bellas Artes y que, acompañado del dibujo esquemático de una bici, anunciaba la disponibilidad de bicicletas para conectar los distintos focos de la revuelta.

Pero no solo los jóvenes revolucionarios usaban el velocípedo. Muchos padres que no tenían otra forma de llegar a su puesto de trabajo decidieron tomar prestadas las bicicletas de sus hijos para desplazarse. Otros, por su parte, optaban por hacer pedalear a sus retoños por las calles de París en busca de las pocas gasolineras donde todavía podía encontrarse combustible.

Esta circunstancia nos dejó muchas estampas en las que la bicicleta se había convertido en una de las grandes protagonistas de la rebelión. Huelguistas a pedales, carteros en bicicleta encabezando manifestaciones de obreros y estudiantes, el tabaco llegando sobre dos ruedas a la fábrica de Renault para evitar que los obreros que la ocupaban se quedarsen sin nicotina, ciclistas paseando ante las originales consignas que decoraban muchas de las paredes... La bicicleta se volvió omnipresente, quizá anticipando la reivindicación que de este medio de transporte hizo, años más tarde, el movimiento ecologista que, en buena parte, había nacido fruto de la rebelión del 68.

A pesar de que la bicicleta fue una de las grandes protagonistas del Mayo francés, el ciclismo profesional no vivió con excesivo entusiasmo la revuelta de obreros y estudiantes. Más bien todo lo contrario. El calendario ciclista sufrió el impacto de las movilizaciones y de las restricciones de combustible y, muy especialmente durante el mes de mayo, se vio obligado a cancelar algunas de las principales pruebas que debían desarrollarse por aquellas fechas.

El critérium del Dauphiné Libéré, que solía disputarse entre finales de mayo y principios de junio, fue cancelado por la situación social y política. También había tenido que anularse el Gran Premio del Midi Libre, otra prestigiosa carrera ciclista francesa que se celebraba habitualmente durante el mes de mayo.

Ante el estado de las cosas, se llegó a temer por la celebración del Tour. Raymond Poulidor, uno de los principales ciclistas de la época y favorito para llevarse la *Grande Boucle* de 1968, iba más allá del miedo por la cancelación de la ronda gala y apuntaba incluso la posibilidad de que estallase un conflicto de carácter mucho más amplio: «Seguíamos los acontecimientos por la radio, por la tele... Evidentemente, sabías que era grave y que podía convertirse en una guerra civil».

Aun así, Poulidor no dejó de entrenarse con la mirada puesta en el Tour. Como él mismo afirmó: «En el campo, estábamos lejos de todo eso. Continuaba entrenándome como si nada sucediera». En ese sentido, que el lemosín habitara en la Francia rural, donde el impacto de la rebelión de 1968 fue mucho menor que en los grandes núcleos urbanos, lo ayudó a mantener su habitual preparación sin verse en exceso afectado por el clima de tensión que se respiraba en el país.

A pesar de la dimensión que había tomado el movimiento durante la huelga general de mayo, el sueño revolucionario de muchos estudiantes y obreros franceses llegó a su fin durante el mes de junio; las fábricas retomaron la producción y el presidente Charles de Gaulle convocó elecciones legislativas para dar salida a la crisis, en las que consiguió un triunfo inapelable y una reforzada mayoría que puso fin a cualquier atisbo revolucionario. Los resultados del 23 y del 30 de junio de 1968, durante la primera y la segunda vuelta de los comicios, supusieron así un auténtico jarro de agua fría para la revolución, que se vio frenada en seco.

Ernesto Guevara, el guerrillero fallecido en Bolivia pocos meses antes del estallido de la revuelta de Mayo y que había inspirado a buena parte de los jóvenes franceses, había apuntado que la revolución era como una bicicleta, que cuando dejaba de avanzar, se caía. Eso fue precisamente lo que sucedió en Francia: el freno que supuso para la revolución la victoria de la mayoría presidencial en las elecciones terminó con el sueño revolucionario y paró en seco su evolución.

Francia volvió poco a poco a la normalidad, como lo demuestra que el Tour de 1968 pudo celebrarse sin sobresaltos. Aunque, eso sí, De Gaulle —como Poulidor se encargaría de recordar— tuvo que intervenir para desbloquear el combustible y permitir así que la prueba ciclista por excelencia del territorio galo volviera, como cada mes de julio, a centrar la atención de un pueblo francés que, pocas semanas antes, aún vivía con la esperanza (o con el temor, según se mire) de ver triunfar una gran revolución que modificara las viejas estructuras de poder del país.

Con el cese de las restricciones de combustible, los coches volvieron a llenar las calles y las carreteras francesas y la bicicleta, a pesar del verano, perdió el protagonismo que había ganado cuando los estudiantes y los obreros habían paralizado el país y protagonizado una rebelión que, en buena parte, se había desarrollado sobre dos ruedas.

YUGOSLAVIA, 1969

EL TULIPÁN QUE FLORECIÓ EN LOS BALCANES

El holandés Joop Zoetemelk, con un Tour, una Vuelta y un campeonato del mundo en su palmarés, logró su primera gran victoria en una prueba por etapas recorriendo las carreteras de la montañosa Yugoslavia titoísta en el Trka Kroz Jugoslaviju de 1969. Un triunfo determinante para la evolución de su carrera, ya que le permitió dar el salto al ciclismo profesional.

Aunque, antes de su victoria yugoslava, el joven Zoetemelk ya había demostrado sus habilidades con la bicicleta al conseguir la medalla de oro, como integrante del combinado neerlandés, en la contrarreloj por equipos de los Juegos Olímpicos de México 1968 y había apuntado maneras como escalador en las montañas de Turquía, Escocia o México, su gesta en el país balcánico, a la que siguió otro éxito en el Tour del Porvenir, fue un episodio clave para que, en 1970, se convirtiera en ciclista profesional vistiendo el maillot del mítico equipo belga Flandria.

Hasta entonces, Hendrik Gerardus Joseph Zoetemelk, hijo de un matrimonio de granjeros dedicados a la cría de cerdos en la Holanda meridional, combinaba sus múltiples apariciones en pruebas *amateurs* con el oficio de carpintero.

Es por eso que su convocatoria para formar parte del equipo neerlandés que debía participar en el Tour de Yugoslavia de 1969 resultó tan determinante para el devenir de su carrera.

El prometedor Zoetemelk afrontaba, a los veintitrés años, su primera gran prueba por etapas. La Trka Kroz Jugoslaviju le ofrecía la posibilidad de demostrar sus habilidades en la montaña al desarrollarse en un territorio de los más ricos de Europa en lo que a cordilleras se refiere. No en vano, por entonces, Yugoslavia podía presumir de tener dentro de sus fronteras hasta seis cadenas montañosas entre las que destacaban los Cárpatos, los Balcanes, los Alpes Dináricos y, sobre todo, los Alpes Julianos, donde se encontraba el Triglav, la cima más alta de la federación, con 2864 metros de altura, convertida en la actualidad en un auténtico símbolo nacional de Eslovenia hasta el punto de ilustrar el escudo de armas que decora la bandera del país.

En 1969, el Tour de Yugoslavia celebraba sus bodas de plata, después de haber iniciado sus andanzas en 1937, cuando el país era todavía una monarquía nacida al fin de la Primera Guerra Mundial. Tras cuatro ediciones disputadas bajo el reinado de Pedro II, la ocupación nazi del país provocó la desaparición de la prueba, que no volvió a celebrarse hasta 1947, cuando Yugoslavia era ya una república socialista liderada por Josip Broz, más conocido como Tito, el dirigente partisano que había liderado el combate contra las fuerzas de ocupación alemanas.

Para celebrar la efeméride, los organizadores planificaron una prueba de catorce etapas que, con inicio en Belgrado (la capital de Serbia y de la federación) y con final en Liubliana (la capital eslovena donde se alzaban las montañas más altas de Yugoslavia), recorría las seis repúblicas a lo largo de casi dos mil kilómetros. Por si esto fuera poco, el Trka Kroz incluía la provincia de Kosovo en el itinerario con un final y un inicio de etapa en la ciudad de Mitrovica, bañada por el río Ibar y símbolo en la actualidad del enfrentamiento entre serbios y albaneses por la soberanía de Kosovo.

En aquella época, la ciudad kosovar era todavía conocida como Kosovska Mitrovica, nombre que, desde la muerte de Tito hasta 1991, cambiaría por Titova Mitrovica, ya que todas las partes constituyentes de la federación debían contar con una ciudad bautizada en honor del antiguo líder.

La vigesimoquinta vuelta a Yugoslavia pretendía recalcar la diversidad del país al tiempo que reafirmaba su unidad con una competición ciclista que recorría todos sus confines. Más o menos intentaba reflejar aquella divisa que definía la federación balcánica como un Estado formado por «seis repúblicas, cinco nacionalidades, cuatro idiomas, tres religiones, dos alfabetos y un líder». Una consigna a la que Ernesto «Che» Guevara añadió, no sin cierto cinismo, «cero posibilidades de sobrevivir» después de haber visitado el país fruto de la complicidad que compartían la Yugoslavia de Tito y la Cuba de Fidel Castro dentro del Movimiento de Países No Alineados.

Al margen de pretender simbolizar la «hermandad y la unidad» entre los pueblos que formaban el Estado socialista y federal, el Tour de Yugoslavia de 1969 era también un fiel reflejo de la política económica del país, caracterizada por la autogestión y por un «socialismo de mercado» en el que existía un creciente poder tecnócrata que había incentivado la competencia entre empresas.

Las decisiones políticas y económicas de la Yugoslavia de los años sesenta, entre las que destacaba el permiso para emigrar con el objetivo de reducir el paro y permitir la entrada de divisas, conllevaron una cierta prosperidad que elevó el nivel de vida del país muy por encima del de sus vecinos comunistas, pero también del de algunos países occidentales, como Grecia y Portugal. Otra medida que resultó decisiva para este desarrollo fue el aumento del comercio exterior, que no se limitaba a los países socialistas e incluía al mundo occidental.

El Trka Kroz era, como hemos apuntado, un reflejo de esta política aperturista. En primer lugar, porque se trataba de una competición abierta a la participación de equipos nacionales tanto de Occidente como de los países socialistas, una circunstancia que permitió al combinado neerlandés del que formaba parte Zoetemelk inscribirse en la prueba. En segundo, porque entre los patrocinadores de la carrera destacaban dos compañías extranjeras: la automovilística estadounidense Ford y la fotográfica Orwo, empresa estatal de la RDA.

A lo largo de las catorce etapas, Joop Zoetemelk libró una batalla ciclista en las cimas del país balcánico con los representantes de los equipos del otro lado del telón de acero. Finalmente, el holandés consiguió imponerse en la meta de Liubliana y subió al peldaño más alto del podio, por delante del húngaro András Takás y del soviético Vladislav Nelyubin, rompiendo así la hegemonía que desde 1956, cuando el belga Kamiel Buysse ganó la prueba, habían mantenido los corredores de los países socialistas.

A la victoria de Zoetemelk en Yugoslavia le siguieron dos nuevos triunfos de prestigio en pruebas por etapas, el Circuito de las Minas y el Tour del Porvenir, que evidenciaron que su éxito en los Balcanes no era flor de un día y permitieron que, en 1970, el holandés abandonara definitivamente la carpintería para convertirse en ciclista profesional al integrarse en las filas del Flandria.

Iniciaba así una prolífica carrera plagada de triunfos que se alargó hasta 1987 y en la que destacan un Tour de Francia (1980), una Vuelta a España (1979), un campeonato del mundo (1985), un Tour de Romandía (1974), tres París-Niza (1974, 1975 y 1979), una Tirreno-Adriático (1985) y cuatro clásicas, entre las que cabe resaltar la Amstel Gold Race de 1987, que supuso el broche de oro a su brillante trayectoria.

Aun así, Zoetemelk corrió el riesgo de pasar a la historia como Raymond Poulidor, considerado el eterno segundón del Tour de Francia. De hecho, si bien «Poupou» tiene el récord de podios en la ronda francesa, es Joop Zoetemelk quien más veces ha subido al segundo peldaño del podio. En concreto, hasta seis (1970, 1971, 1976, 1978, 1979 y 1982), frente a las tres de Poulidor que, eso sí, cuenta también con cinco terceros puestos.

Sin embargo, hay una diferencia notable entre Poulidor y Zoetemelk, especialmente en lo que al favor del público del Tour se refiere. Mientras el lemosín era la niña de los ojos de los aficionados franceses, el holandés fue considerado a menudo un «chuparruedas» que se aprovechaba del trabajo de grandes campeones como Eddy Merckx, Luis Ocaña, Bernard Thévenet, Lucien van Impe o Bernard Hinault. De hecho, hay quien atribuye el triunfo de Zoetemelk en 1980 al abandono en plena carrera del «Tejón» Hinault, el gran favorito en aquella edición.

A pesar de estos reproches, lo cierto es que la trayectoria ciclista de Zoetemelk es la de un gran campeón. Si nos fijamos en el Tour de Francia, al margen de su victoria en 1980 y de sus seis segundos puestos, el holandés dejó varios detalles para la historia. Sin ir más lejos, fue el primer corredor en vestir el legendario maillot a topos de líder de la montaña cuando este se introdujo en 1975 y, otro dato mucho más relevante, terminó los dieciséis Tours en los que participó, un hito que solo ha podido igualar Sylvain Chavanel aunque, en su caso, necesitando dieciocho rondas francesas.

A pesar de que Yugoslavia había tenido un papel clave en el recorrido ciclista de Zoetemelk, el antiguo carpintero no volvió a los Balcanes hasta mucho después de acabar su carrera. En concreto, regresó a Sarajevo en junio de 2014, coincidiendo con el centenario del inicio de la Primera Guerra Mundial, que había estallado a raíz del atentado que el nacionalista serbio Gavrilo Princip había cometido frente al Puente Latino de la localidad contra el príncipe heredero del Imperio austrohúngaro, del que entonces formaba parte Bosnia y Herzegovina.

Cuarenta y cinco años después de su primer viaje a Sarajevo con ocasión del Tour de Yugoslavia de 1969, que tuvo un final y un inicio de etapa en la capital bosnia, prácticamente todo había cambiado en los Balcanes. Tito había muerto en 1980, el mismo año en que Zoetemelk había ganado el Tour. La autogestión y el «socialismo de mercado» habían pasado a mejor vida. El Tour de Yugoslavia ya no existía; y tampoco Yugoslavia, desaparecida tras las cruentas guerras que, primero en Eslovenia, luego en Croacia, más tarde en Bosnia y finalmente en Kosovo, habían asolado el país.

Aun así, Joop Zoetemelk guardaba un muy buen recuerdo del territorio donde su carrera ciclista había despegado. Durante ese Gran Premio de Sarajevo que, bajo el patrocinio del Tour de Francia, se celebró en la capital bosnia para conmemorar el centenario de la Gran Guerra, pero también para lanzar un mensaje de paz en una ciudad duramente castigada por los enfrentamientos étnicos, Zoetemelk echó la vista atrás y no dudó en afirmar que su triunfo yugoslavo en 1969 había sido el verdadero trampolín de su carrera. Una victoria que le permitió dar el salto al ciclismo profesional y, a la postre, forjarse un palmarés todavía hoy envidiable. En resumen, la historia de un tulipán que floreció en los Balcanes.

ITALIA, 1971
CICLISMO, PLOMO Y ROCK AND ROLL

El papel crucial que la ciudad de Milán había tenido durante los principales acontecimientos de la historia italiana —ya fuera la unificación del país en el siglo XIX, la República de Saló durante los últimos coletazos del fascismo o la Resistencia contra el Estado títere del nazismo— se repitió durante los sesenta y los setenta, los conocidos como años italianos de plomo. La capital de la Lombardía fue la cuna del 68 transalpino y en ella se produjeron algunos de los principales episodios de esa estrategia de tensión que estresó hasta extremos insospechados a la sociedad italiana de la época, como la matanza fascista en piazza Fontana o el nacimiento de las Brigadas Rojas. El velódromo de Vigorelli, uno de los símbolos deportivos del Milán industrial y desarrollado, epicentro del capitalismo italiano, no fue ajeno a la convulsión que esas décadas en rojo y negro supusieron para Italia.

La imagen de Giuseppe Memeo, militante de la organización Proletarios Armados por el Comunismo, encapuchado, empuñando un arma y apuntando a la policía en una calle en pleno centro de Milán durante una manifestación izquierdista en mayo de 1977 se ha convertido en el icono de los *anni di piombo* en Italia. No es casualidad que dicha escena tuviera lugar en la capital de la Lombardía, en el que es, con permiso de Turín, el auténtico corazón industrial, comercial, financiero, universitario y hasta deportivo de Italia.

De hecho, fue en Milán donde nació el Giro, fruto de la iniciativa de *La Gazzetta dello Sport,* el principal periódico deportivo transalpino, el mismo que contribuyó a la construcción del legendario velódromo Vigorelli. Una pista semicubierta bautizada con el apellido de su promotor, Giuseppe Vigorelli, un antiguo corredor de pista convertido en empresario que ejercía también como asesor de deportes en el Ayuntamiento milanés en la década de 1930, en plena dictadura fascista.

En su primera etapa, el Vigorelli ya había sido testigo de la violencia sufrida en Milán durante la Segunda Guerra Mundial. Escenario de épicos episodios ciclistas —como el mítico récord de la hora de Fausto Coppi en 1942 o varias etapas finales del Giro que despertaron el entusiasmo de los milaneses—, el velódromo fue destruido por los bombardeos aliados de 1943 y 1944 que también alcanzaron el teatro de La Scala y que dañaron seriamente el Duomo, la imponente catedral de la ciudad. Quizá por compartir esa tragedia con la famosa ópera milanesa, que fue (como el Vigorelli) reconstruida en 1946 una vez finalizada la guerra, el velódromo pasó a ser conocido como «La Scala del ciclismo».

Este renacer después de los tiempos del fascismo dio al Vigorelli una nueva juventud a imagen del próspero e industrial Milán que lo acogía. Así, el velódromo volvió a ser sede de memorables récords de la hora, como el de Anquetil en 1956, y de nuevas llegadas de un Giro de Italia que seguía finalizando su trayecto en la capital de la Lombardía, la misma ciudad donde había visto la luz.

Con la llegada de los convulsos años sesenta, el Vigorelli conoció nuevas funciones: comenzó a albergar combates de boxeo y grandes conciertos al aire libre. Por su capacidad, fue el escenario elegido para la primera actuación de los Beatles en Italia, un doble concierto patrocinado por Coca-Cola que aunque no agotó el papel, hizo las delicias de los fieles seguidores al tiempo que motivaba las críticas de los sectores italianos más conservadores, que consideraban que esos *capelloni inglesi* («melenudos ingleses») corrompían a la juventud. Más o menos lo mismo que el rancio régimen franquista creía cuando, poco después de presentarse en Milán, el cuarteto de Liverpool viajaba hasta Madrid y Barcelona no para actuar en un velódromo ciclista sino en dos plazas de toros: Las Ventas y la Monumental.

El concierto de los Beatles en el Vigorelli se celebró cuando Milán, que ya ostentaba sin ningún lugar a dudas el título de capital de la Italia ciclista, estaba a punto de convertirse en el epicentro de los años de plomo. Las numerosas luchas estudiantiles que se desarrollaron en la ciudad, la que más universitarios acogía en Italia, dieron el pistoletazo de salida a una década de confrontación entre la izquierda revolucionaria y una derecha nostálgica de Mussolini que no mostraba ningún reparo en atentar indiscriminadamente contra la población civil, como lo demostró la bomba en la sede del Banco Nacional de Agricultura, en piazza Fontana, en pleno centro de Milán, que en diciembre de 1969 acabó con la vida de diecisiete personas.

Esa matanza, inicialmente atribuida a sectores anarquistas, y que motivó la detención del militante libertario Giuseppe Pinelli —quien murió tras «precipitarse» desde el cuarto piso de una comisaría milanesa, inspirando la genial obra de Dario Fo *Muerte accidental de un anarquista*—, provocó la respuesta obrera en forma del nacimiento de las Brigadas Rojas, creadas poco después en la capital lombarda por Renato

Curcio y que serían los mayores protagonistas de la estrategia de la tensión de esos años del plomo.

Esa tensión se visualizó en el siguiente gran concierto que acogió el Vigorelli después del de los Beatles: el 5 de julio de 1971, el velódromo fue escenario de una gran fiesta, el Cantagiro, una iniciativa que, a imagen del Giro ciclista, recorría desde los años sesenta diversos puntos de la geografía italiana acercando al gran público variados conjuntos musicales. En esta ocasión, el Cantagiro ofrecía un ecléctico programa que incluía desde artistas de canción ligera italiana hasta Led Zeppelin, otra banda de *capelloni inglesi,* pero con un rock mucho más duro que el de sus predecesores de Liverpool.

El concierto fue un auténtico suplicio para los cantantes que, como Gianni Morandi, una especie de Julio Iglesias transalpino, tuvieron que soportar el lanzamiento de objetos o los gritos de *«buffone»* que les coreaba un público que esperaba ansioso la actuación de Led Zeppelin.

En el exterior del velódromo, la situación degeneró aún más si cabe. Centenares de jóvenes de barrios populares de la ciudad se congregaron a las puertas del Vigorelli esperando poder entrar gratuitamente al recinto para escuchar a los Zeppelin. Por si esto no fuera suficiente, unos trescientos militantes izquierdistas improvisaron una manifestación por las calles colindantes coreando eslóganes del Mayo francés. Mientras los manifestantes gritaban *«Ce n'est qu'un début, continuons le combat!»* («Esto es solo el principio, ¡continuemos la lucha!»), la policía —pocos días antes, cuatro mil efectivos habían llegado a Milán para contrarrestar las intensas luchas obreras que se producían en la ciudad— cargó contra ellos provocando el inicio de una auténtica batalla campal a la que se sumaron los jóvenes que esperaban entrar sin pagar al velódromo y militantes de grupos de extrema izquierda, como Lotta Continua, que habían aprovechado la concentración de miles de personas para repartir panfletos llamando a una gran manifestación izquierdista convocada pocos días después.

Los enfrentamientos, en los que policías y manifestantes se lanzaban mutuamente gases lacrimógenos y cócteles molotov, llegaron al interior del velódromo, donde los Led Zeppelin ya llevaban casi cuarenta minutos de actuación. Los gases y las cargas policiales sembraron el pánico en el Vigorelli y provocaron la suspensión inmediata del concierto. Aun así, las hostilidades entre jóvenes y policías continuaron hasta dejar el triste balance de cuarenta personas heridas, dieciséis detenidas, cuatro vehículos destrozados y un velódromo devastado.

Las fuentes policiales responsabilizaron de los incidentes a «núcleos de guerrilla urbana organizada» dirigidos por militantes de organizaciones de extrema izquierda. Era su forma de ubicar los incidentes durante la actuación de Led Zeppelin, que, por cierto, nunca más quiso volver a pisar suelo italiano.

La batalla campal durante el Cantagiro contribuyó a la decadencia del Vigorelli, al menos como gran pista ciclista. Así, y aunque su función deportiva fue recuperada en 1984, dejaría de emplearse para la práctica del ciclismo a finales de los ochenta. A pesar de eso, el Vigorelli siguió acogiendo, entre las décadas de 1970 y 1980, varios grandes conciertos de bandas de *capelloni* que, ingleses o no, congregaban a numerosos jóvenes contestatarios. Fue el caso, entre otros, de Iron Maiden y Kiss, que pisaron su escenario en 1980, o de los Ramones y The Clash, que lo hicieron en 1981. Unas memorables citas musicales que contribuyeron a hacer del velódromo milanés un testigo de primer orden de esos años de ciclismo, plomo y rock and roll.

FRANCIA, 1974

TRONCOS, BOMBAS Y UN REY DECAPITADO PARA VENGAR A PUIG ANTICH

La historia del ciclismo recuerda la edición de 1974 del Tour de Francia por el quinto triunfo en la clasificación general del belga Eddy Merckx, que igualaba así el mítico récord de victorias en la *Grande Boucle* que hasta entonces ostentaba en solitario Jacques Anquetil.

Más allá del triunfo de Merckx, el Tour de 1974 estuvo marcado por la irrupción en la carrera de los Grupos de Acción Revolucionaria Internacionalista (GARI). Esta organización armada de orientación libertaria había nacido con el objetivo de internacionalizar la lucha contra la represión franquista tras la detención, en septiembre de 1973, de varios militantes del Movimiento Ibérico de Liberación (MIL). Entre ellos destacaban Oriol Solé Sugranyes y Josep Lluís Pons Llovet, arrestados después del atraco a un banco de Bellver de Cerdanya, en el Pirineo catalán, y Salvador Puig Antich, capturado y gravemente herido en una emboscada policial en Barcelona que terminó con la muerte de uno de los agentes participantes.

La primera acción armada de los GARI fue el ametrallamiento del coche del cónsul español en Toulouse, un hecho que tuvo lugar en febrero de 1974 y que pretendía llamar la atención sobre la situación de Salvador Puig Antich, condenado a muerte el mes anterior.

A pesar de las múltiples protestas, en su mayoría de carácter pacífico el 2 de marzo de 1974 Puig Antich fue ejecutado en el garrote vil. Esto multiplicó las acciones de los GARI, que tenían el objetivo de evitar nuevas condenas a muerte del régimen franquista y exigir la liberación de los militantes revolucionarios Solé Sugranyes y Pons Llovet, quienes debían afrontar un nuevo juicio los días 23 y 24 de julio.

Precisamente para mostrar al mundo la naturaleza criminal del régimen franquista y solidarizarse con el mártir Puig Antich y sus compañeros encarcelados, los GARI decidieron, la madrugada del 15 de julio de 1974, aprovechar la popularidad del Tour de Francia para atentar contra su comitiva e internacionalizar la denuncia de la represión de la dictadura española. Mientras la caravana del Tour descansaba en Saint-Lary-Soulan y esperaba afrontar una de las etapas reina de la edición con el ascenso al Tourmalet, cuatro explosiones turbaron la paz de esta pequeña localidad pirenaica situada a tan solo una veintena de kilómetros de la frontera española.

Los objetivos del ataque fueron los coches de los dos únicos equipos españoles que participaban en aquella edición del Tour, el KAS-Kaskol y La Casera-Peña Bahamontes, además de una furgoneta de la agencia de noticias France-Presse.

Poco después de las explosiones, los GARI reivindicaron el atentado difundiendo un comunicado en París y en la región de los Pirineos, donde se habían mostrado especialmente activos durante los últimos meses, en el que proclamaban: «Interviniendo en el Tour de Francia queremos denunciar la complicidad de los organizadores y de los corredores de los países democráticos que no dudan en invitar y mezclarse con los representantes del fascismo español». Además, los

GARI, después de una reflexión en la que consideraban que el deporte despolitizaba al individuo y que la gran mayoría de los corredores tenían condición de esclavos al verse forzados a trabajar por un jefe de filas, amenazaban abiertamente a los ciclistas hispánicos: «Aconsejamos a los participantes españoles que abandonen la carrera si no quieren ser tratados como representantes conscientes del franquismo, hecho que nos obligaría a actuar en consecuencia y que podría ser extremadamente desagradable para ellos». El comunicado continuaba manifestando que «los actos de esta madrugada solo han sido un aviso».

A pesar de la amenaza, todos los corredores de los equipos hispanos tomaron la salida en la etapa que terminaba en el mítico Tourmalet. Esta circunstancia permitió que al final de la prueba el ciclista gallego Vicente López subiera al tercer peldaño del podio, tras Merckx y Poulidor, y que su conjunto, el vasco KAS-Kaskol, se alzara con el triunfo por equipos y añadiera a este notable palmarés el Gran Premio de la Montaña que logró el ciclista guipuzcoano Domingo Perurena.

La destrucción de varios vehículos de la caravana no fue el único incidente que el Tour de Francia tuvo que afrontar aquel 15 de julio. Durante el transcurso de la etapa, los organizadores tuvieron que retirar varios troncos que bloqueaban la carretera que enlazaba la localidad de Barèges con la cima del Tourmalet, una acción que debe nuevamente atribuirse a los GARI que, esa madrugada, también incendiaron trece autobuses con matrícula española que se encontraban aparcados en el santuario de Lourdes. Aun así, los contrarios a la represión franquista no pudieron evitar que los ciclistas llegaran al Tourmalet, donde Merckx consolidó su maillot amarillo.

En las últimas etapas, la ronda gala no tuvo que afrontar más incidencias y llegó con normalidad a París. Aun así, las acciones de los GARI siguieron durante los meses de julio y agosto de 1974, llegando a su punto álgido con el ataque al consulado español de Toulouse. Paralelamente, la organización clandestina libertaria fue objeto de varias batidas policiales que causaron la detención de la mayoría de sus integrantes —entre ellos los responsables de los ataques contra la caravana del Tour— y que prácticamente comportaron su desaparición.

Estas detenciones, entre las que destacaba la de Jean-Marc Rouillan, generaron a su vez varias acciones de solidaridad para exigir su libertad siguiendo el mismo esquema utilizado previamente para exigir la liberación de los miembros del MIL encarcelados en la España franquista. Una de las más audaces tuvo lugar el 4 de noviembre de 1974 en París, cuando un maniquí que respresentaba al príncipe Juan Carlos, que en julio había asumido de manera interina la jefatura del Estado debido al delicado estado de salud de Franco, apareció decapitado y mutilado en el Museo Grévin, la popular galería de figuras de cera de la capital francesa.

Al anochecer de ese mismo día, la redacción del periódico *France-Soir* recibió un paquete con uno de los dedos mutilados del maniquí acompañado de un comunicado en el que los autores de la acción manifestaban su oposición a la dictadura franquista, al nombramiento de Juan Carlos de Borbón como sucesor del Caudillo, y su apoyo a los militantes de los GARI detenidos y encarcelados en Francia por sus acciones armadas. La reivindicación la firmaba el Grupo de Acción Revolucionaria Ocasionalmente Terrorista, el GAROT, una evidente referencia a la palabra francesa que designa el garrote, el salvaje sistema de ejecución que el régimen franquista había utilizado para asesinar a Salvador Puig Antich.

Después de fotografiar la cabeza decapitada del maniquí del príncipe y de hacer llegar la imagen al palacio de El Pardo, el GAROT la remitió el 8 de noviembre a la agencia France-Presse, la misma que el 15 de julio había sido atacada por los GARI en el marco del Tour.

El caso contra los miembros de los GARI arrestados por la serie de atentados de 1974 llegó a juicio en 1981, con dos procesos que tuvieron lugar en París entre enero y marzo de ese año y durante los cuales la mayoría de los acusados fueron absueltos. El expediente de los GARI se cerró poco después de que François Mitterrand accediera a la presidencia de la República Francesa, en mayo de 1981, y decretara una amnistía para todos los miembros de esta organización libertaria.

Para la historia quedaba que, durante el Tour de Francia de 1974, aprovechando la dimensión global de la prueba, los GARI habían querido mostrar al mundo la naturaleza represiva del régimen franquista y vengar así el asesinato del camarada Puig Antich.

FRANCIA, 1976

EL *GRAND DÉPART* QUE NO APARECE EN LOS MAPAS

Desde que, en 1903, el hostal Au Réveil Matin de Montgeron diera el pistoletazo de salida a la primera edición del Tour de Francia, son muchas las localidades que han albergado el *Grand Départ* de la ronda gala. París lo hizo en la mayoría de las primeras ediciones, y la internacionalización de la prueba la llevó hasta grandes capitales europeas como Bruselas, Ámsterdam o Berlín, que se alternaban con pueblos y ciudades de la Francia de provincias. Todas ellas son fácilmente localizables en un mapa a excepción de una: Merlin-Plage. Un complejo turístico construido por un gran promotor inmobiliario que, en 1976, se convirtió en el *Grand Départ* más insólito de la centenaria carrera francesa.

Años más tarde, los parques temáticos Futuroscope (en 1990 y 2000) y Puy du Fou (en 1999) también vieron cómo el Tour de Francia iniciaba en ellos su andadura en una evidente estrategia de promoción turística. Y ya se ha relatado otro de los inicios más peculiares de la *Grande Boucle,* el que llevó la edición de 1968 hasta el municipio de Vittel, conocido por su agua mineral. Aun así, ninguno de ellos puede cuestionar que Merlin-Plage es, sin ningún lugar a dudas, el *Grand Départ* más singular de la historia de la competición.

Y lo es, entre otras cosas, porque es un territorio que no puede encontrarse en ningún mapa. Un complejo residencial construido a principios de los setenta por el promotor Guy Merlin en la pequeña localidad de Saint-Hilaire-de-Riez, en plena Côte de Lumière francesa. Esta ciudad de vacaciones, pariente lejana de construcciones que, como la castellonense Marina d'Or, han sido acusadas de llenar el litoral de hormigón, se erigió con capacidad para trece mil personas en una población que, por aquel entonces, ni siquiera llegaba a los cinco mil habitantes.

El complejo residencial de Merlin-Plage se convirtió en el buque insignia de una empresa inmobiliaria que hizo que las costas de la Vendée, el último gran reducto conservador y monárquico en tiempos de la Revolución, fueran bautizadas como la Florida francesa. Su promotor, Guy Merlin, era hijo de una familia humilde y se había criado cuidando vacas en los prados de la campiña del centro de Francia antes de abrir una tienda de alimentación de barrio en la periferia de París; allí descubrió que los agentes inmobiliarios se ganaban muy bien la vida.

Ese fue el destino que este *self-made man* a la francesa eligió para sí construyendo, en poco tiempo, un auténtico imperio del hormigón a base de levantar apartamentos en primera línea de playa —*«les pieds dans l'eau»,* como les gustaba decir a los franceses— a unos precios relativamente asequibles para las clases populares galas. Eso sí, con un confort rudimentario que hizo que estas construcciones fueran famosas por sus muros más bien escasos y por llenar de cemento algunas de las pocas costas vírgenes que todavía quedaban en Francia.

Y claro, como quien construye apartamentos tiene que venderlos, una de las estrategias comerciales por las que optó Guy Merlin para promocionarlos fue asociarlos a uno de los deportes más populares de la Francia de la época: el ciclismo.

Desde 1971, Merlin-Plage pasó a patrocinar las Palmas de Oro del ciclismo, un premio individual que reconocía a los mejores corredores *amateurs* del panorama francés e internacional y que, cómo no, a menudo se entregaba en alguno de los complejos costeros donde la inmobiliaria pretendía vender sus apartamentos. El gran salto cualitativo llegó al año siguiente cuando Guy Merlin firmó un acuerdo con Félix Lévitan, codirector del Tour de Francia junto a Jacques Goddet, responsable de reclutar numerosos patrocinadores que dieron una nueva dimensión económica a la ronda francesa, para llevar no solo una sino dos etapas de la *Grande Boucle* a Merlin-Plage. Una contrarreloj por equipos en un circuito alrededor del complejo residencial, que terminó con victoria del Molteni de Eddy Merckx, y un inicio de etapa, al día siguiente, cuando la carrera tomaba rumbo a las costas de Aquitania.

Por si esto fuera poco, Merlin-Plage se convirtió, durante la temporada 1974, en el patrocinador principal del equipo ciclista francés Merlin-Plage-Shimano-Flandria (asociado al mítico Flandria belga) que, pese a su efímera existencia, pudo presumir de una victoria de etapa a cargo de Cyrille Guimard en el Tour de 1974, que sirvió para dar una más que notable promoción a los apartamentos en las playas de la Vendée.

En 1975, Merlin-Plage fue de nuevo ciudad etapa del Tour acogiendo una llegada y una contrarreloj, esta vez individual, con un triunfo sin discusión de Eddy Merckx, que ha confesado guardar un muy buen recuerdo de este complejo residencial.

Aun así, el punto álgido de la relación de Merlin-Plage con la ronda francesa llegó en 1976, cuando la ciudad de vacaciones se convirtió en escenario del *Grand Départ* del Tour con una etapa prólogo en forma de contrarreloj individual, en la que se impuso el belga Freddy Maertens, que terminaba en la vecina localidad de Saint-Jean-de-Monts, otra de las poblaciones de la Côte de Lumière donde Merlin acababa de construir dos icónicos edificios de apartamentos, el Marina y el Arc-en-ciel, en primera línea de playa.

Aquella etapa prólogo fue un magnífico anuncio de las viviendas que Guy Merlin vendía como churros a los franceses, entre otras cosas, gracias a la publicidad conseguida a través del ciclismo. A quien no gustó demasiado que Merlin-Plage estuviera en boca de todos durante varias ediciones del Tour fue a Louis Caiveau, el alcalde de Saint-Hilaire-de-Riez que, pese a que no tuvo que rascarse el bolsillo para llevar a los mejores ciclistas a las calles de su localidad, no terminaba de estar contento al ver que el nombre oficial del municipio desaparecía por completo en favor del espacio residencial que un promotor inmobiliario había construido en él.

El *Grand Départ* de 1976 fue la última vez que la caravana del Tour de Francia hizo parada en Merlin-Plage, lo que no significó que Guy Merlin y Félix Lévitan rompieran su colaboración. El romance entre ambos continuó hasta 1988, gracias al afán del segundo por multiplicar los patrocinadores del Tour y aumentar así la capacidad financiera de la prueba.

El complejo de Merlin-Plage fue, pues, uno de los principales *sponsors* del Tour; su publicidad apareció, entre otros lugares, en los esprints a lo largo de la ruta. Una de las anécdotas más curiosas en relación con este patrocinio es que, durante aquellos años, el ganador del Tour recibía, al margen del premio en metálico concedido por la organización, un apartamento del grupo inmobiliario Merlin valorado en cien mil francos, unos dos millones de pesetas de la época.

Este icónico galardón recuerda al que otorgaba el popular programa de Televisión Española *Un, dos, tres* que, también durante la década de los ochenta, concedía a sus afortunados ganadores el premio gordo de un apartamento en Torrevieja, en la urbanización de La Torreta. Aquellas construcciones, de cincuenta metros cuadrados y con un precio que rondaba el millón de pesetas, tenían mucho en común con Merlin-Plage. En primer lugar, una muy buena estrategia de comunicación que pasaba, en el caso español, por el programa televisivo de mayor éxito de la época y, en el francés, por su asociación con la prueba ciclista más importante del mundo y que en el país galo era un auténtico acontecimiento de masas. En segundo, la idea de hacer soñar a la clase trabajadora con la posibilidad de comprar un apartamento al lado de la playa.

Pese a las coincidencias, La Torreta y Merlin-Plage han envejecido de manera muy diferente. Mientras la urbanización de Torrevieja ha perdido todo su esplendor y cuenta con numerosas casas abandonadas, la de Saint-Hilaire-de-Riez, pese a no poder presumir ya del paso del Tour por sus calles, sigue recibiendo un volumen notable de visitantes, muy especialmente en los meses de verano.

Entre ellos, no deben faltar los nostálgicos de aquella época en la que el Tour visitaba a menudo la zona quizá esperando encontrar el rastro de figuras como Lucien Van Impe, Bernard Thévenet, Bernard Hinault, Joop Zoetemelk, Laurent Fignon, Greg LeMond, Stephen Roche o Perico Delgado, que no solo ganaron la *Grande Boucle* sino que se llevaron como premio un apartamento por obra y gracia de Guy Merlin. El promotor inmobiliario que consiguió que un complejo de vacaciones que ni siquiera aparece en los mapas albergase el *Grand Départ* más peculiar de la historia del Tour de Francia.

ESPAÑA, 1977

UNA VUELTA DE COLOR BUTANO

A lo largo de su dilatada historia, la Vuelta ciclista a España ha cambiado en varias ocasiones el diseño y el color del maillot que sirve para distinguir a su líder. Del naranja inicial al rojo actual, los campeones de la ronda hispánica han vestido también de blanco y de amarillo. Pero si en alguna edición el color del jersey de líder ha sido verdaderamente singular, fue en 1977, cuando el primer clasificado se vestía de naranja butano como consecuencia del patrocinio del fabricante de las populares bombonas de gas.

En enero de 2010, el modista catalán Custo Dalmau presentó ante los medios de comunicación el nuevo diseño del maillot de líder de la Vuelta con motivo el 75.º aniversario de la prueba. Los responsables de la carrera, con la agencia de organización de eventos Unipublic a la cabeza, aprovecharon el tirón de la selección española de fútbol, «la Roja», tras su victoria en la Eurocopa de 2008 y decidieron que el color ideal para distinguir al primer clasificado de su prueba era precisamente el rojo. Fiel a su estilo atrevido, Custo añadió al bermellón que le había dictado la organización las marcas de la piel de un guepardo, animal que se pretendía asimilar al líder de la ronda.

Más allá de la anécdota del maillot de diseño, lo verdaderamente relevante de la decisión de cambiar el color que vestía el líder era su escasa fidelidad con la historia cromática de la competición. A lo largo de las casi ochenta ediciones que, al cierre de esta edición, se han celebrado de la Vuelta, el color dominante en el jersey del líder ha sido el amarillo, tonalidad que, lógicamente, se había adoptado por imitación del Tour de Francia.

Así, entre 1955 y 2009, con la única excepción de 1977, el amarillo fue el color que designó al líder de la prueba, aunque a partir de 1999 se decidió bautizar el preciado maillot «jersey oro» para diferenciarlo, siquiera desde un punto de vista semántico, del mítico amarillo de la ronda francesa.

El rojo instaurado en 2010 bajo la ola de popularidad de la selección de fútbol no era, ni mucho menos, inédito en la historia de la Vuelta. En su primera edición, un maillot de este color había servido para que los espectadores pudieran identificar al último clasificado de la prueba, el farolillo rojo. Conociendo esta circunstancia, resulta bastante sorprendente que los responsables de la prueba optaran por este color para vestir al líder a partir de la edición de 2010. En su descargo se puede esgrimir que ya en 1945, cuando el periódico *Ya* se hizo cargo de la organización, se decidió utilizar un jersey rojo, de acuerdo con el color corporativo del medio, para este fin. Aun así, este maillot tuvo una vida efímera y, muy probablemente por las connotaciones peyorativas que el rojo tenía para la dictadura franquista, fue sustituido al año siguiente por un maillot blanco con una franja roja, un diseño que también representaba los colores del periódico y que era mucho más digerible para el régimen fascista.

En las diez primeras ediciones, el líder de la Vuelta llegó a lucir hasta seis maillots diferentes. Al naranja original —color que había escogido el diario *Informaciones* para diferenciar el jersey de la prueba española del amarillo del Tour y del rosa del Giro—, que estuvo en vigor durante las ediciones de 1935, 1936 y 1942, le siguieron el blanco (1941), el rojo (1945), el blanco con una franja roja (de 1946 a 1950) y, finalmente, el amarillo, a partir de 1955, cuando el periódico vizcaíno *El Correo Español-El Pueblo Vasco* asumió la organización de la carrera.

Pero la decisión más curiosa en torno al color del jersey de líderes fue la que la Vuelta tomó para la edición de 1977, cuando volvió al naranja. Aunque *a priori* se pueda pensar que se hizo como ejercicio de memoria histórica para recuperar así el primer color que había distinguido al líder, no hay nada más lejos de la realidad. La elección del naranja de 1977 respondía a una circunstancia bastante más prosaica: la empresa Butano, fabricante de las populares bombonas color calabaza que se podían encontrar en prácticamente todos los hogares españoles de la época, era el patrocinador principal del uniforme del primer clasificado de la prueba.

En la década de 1970, Butano S. A. se había convertido en una de las principales compañías españolas gracias al éxito que había cosechado su bombona, lanzada al mercado en 1957 y que había permitido dejar paulatinamente atrás el frío y las incomodidades derivadas del queroseno, el carbón o la leña que hasta entonces calentaban los domicilios hispánicos. Su inconfundible color naranja —unido a campañas publicitarias como la de la pegadiza tonadilla que afirmaba «Qué suerte que tenemos Butano en nuestro hogar, cuánta agua calentita nos hace disfrutar. Butano, Butano, ¡qué gran comodidad! Butano es ahorro, Butano es bienestar»— contribuyó a hacer profundamente popular la marca, que pasó a formar parte del lenguaje coloquial hasta el punto de dar nombre, como hizo la Vuelta de 1977, a la tonalidad del naranja utilizada por la empresa.

La decisión que en 1957 había tomado la Factoría de Butanos, precursora de Butano S. A., de dar ese color a unas bombonas que en otros países eran verdes, rojas, grises o azules respondía a la influencia de otro elemento muy popular en el imaginario colectivo de la época: las naranjas. La producción de esta fruta era uno de los elementos más identificativos de la economía española —como años más tarde también se encargaría de recordar Naranjito, la mascota del Mundial 82—, circunstancia por la cual la empresa productora de gas butano, que inicialmente tenía su sede en Cartagena, decidió adoptar, no sin controversia, esta tonalidad para singularizar sus bombonas.

Curiosamente, solo un corredor llegó a vestir aquel peculiar maillot butano en la Vuelta de 1977. El afortunado no fue otro que el belga Freddy Maertens, que desde la etapa prólogo se situó a la cabeza de la clasificación, donde se mantuvo imperturbable hasta la etapa final, con improvisada llegada en la localidad burgalesa de Miranda de Ebro.

El dominio del campeón belga fue tan insultante que ganó trece de las veintiuna etapas de una edición con marcado acento catalán, ya que contó con siete finales de etapa en Cataluña, a los que habría que añadir otros cuatro en tierras valencianas. El idilio de Maertens con Cataluña, donde se impuso en cinco etapas de aquella Vuelta (en Tortosa, en Salou, en Barcelona por partida doble y en la Seu d'Urgell) se completó con sus victorias en la Semana Catalana y en la Volta a Catalunya del mismo año, y en ambas volvió a demostrar una superioridad incontestable.

Si desde el punto de vista cromático la Vuelta de 1977 estuvo caracterizada por el naranja butano y desde el deportivo por el aplastante dominio de Freddy Maertens, desde una perspectiva sociopolítica la edición la marcaron los incidentes que tuvieron lugar en el País Vasco durante la celebración de la prueba, unas trifulcas que se repitieron al año siguiente y que explican por qué *El Correo* decidió abandonar, en 1978, la organización de una carrera que tras estos convulsos episodios tardaría treinta y tres años en volver a las carreteras vascas.

La gran llegada de aquella Vuelta de color butano estaba prevista en San Sebastián, pero los graves incidentes que se produjeron en Euskadi por aquellas fechas propiciaron un cambio de última hora que llevó a los corredores a cruzar la meta final en las calles de Miranda de Ebro.

La razón esgrimida para dicha variación fueron los disturbios que se vivieron en el marco de la celebración de la Semana Pro Amnistía, una movilización popular que exigía la libertad de los presos políticos y que se saldó con el triste balance de siete muertos y decenas de heridos a manos de las fuerzas policiales. Aunque las tres últimas etapas de la carrera sí que recorrieron las calzadas del País Vasco, los organizadores decidieron evitar el paso por Guipúzcoa, una provincia prácticamente paralizada durante aquellos días por la magnitud de las protestas convocadas.

Así, el primer y único jersey butano en la historia de la Vuelta llegó a la inesperada meta final dominando claramente la prueba a nivel deportivo, pero entre una gran convulsión social y política. Eran los años de plomo de una Transición que tradicionalmente se nos ha presentado como modélica y pacífica pero que, como se ha encargado de certificar el historiador David Ballester en su obra *Las otras víctimas,* dejó el triste balance de 134 muertos a manos de las fuerzas policiales entre 1975 y 1982.

La Vuelta a España del agitado año 1977 quedó como la última en la que el líder se vistió con un jersey naranja, el color que los creadores de la prueba, cuatro décadas atrás, habían querido que distinguiera al primer clasificado; un color con mucha historia que ha quedado sepultado por esa marea roja que todo parece engullirlo.

FRANCIA, 1978

MICHEL POLLENTIER Y LA PERA QUE NO FUE LA PERA

En el Tour de Francia de 1978, después de conseguir una prestigiosa victoria en el Alpe d'Huez y enfundarse gracias a ella el maillot amarillo, el ciclista belga Michel Pollentier se pasó de listo en el control antidopaje al querer utilizar una pera cargada con orina limpia. La artimaña no le funcionó y lo estigmatizó para siempre.

Como la historia del ciclismo se ha encargado de demostrar, las innovaciones tecnológicas han marcado de manera muy trascendente la evolución de la práctica de este deporte. Que se lo pregunten si no al corredor francés Laurent Fignon, que perdió el Tour de 1989 en el último suspiro y por tan solo ocho segundos, en buena parte porque el norteamericano Greg Lemond optó por utilizar el innovador manillar de triatleta que le sirvió para alcanzar una velocidad que, a la postre, fue clave para el desenlace de aquella mítica ronda francesa.

Más allá de los hechos propios del deporte, las innovaciones en materia ciclista también han tenido una estrecha relación con el dopaje, la cara menos amable del ciclismo. Los «polvos de la madre Celestina», una creación del doctor Eufemiano Fuentes, permitían hacer desaparecer todo rastro de EPO de la orina de quien los utilizaba y, por tanto, garantizaban unos resultados negativos en los controles, aunque los corredores fueran cargados hasta las cejas de eritropoyetina.

En los inicios de los controles antidopaje, durante las décadas de 1960 y 1970, ya existían sistemas para evitar un positivo que eran innovadores para la época, pero bastante más rudimentarios que los que inventó años más tarde el doctor Fuentes. El más popular fue, sin duda alguna, la pera. Este método primario pero eficaz consistía en esconder una pera de caucho llena de orina limpia debajo de la axila que tenía conectada un pequeño tubo que se deslizaba por la espalda y que llegaba hasta la entrepierna. Para hacerla funcionar, bastaba con presionar disimuladamente para que la orina circulara y llenara el frasco que analizarían después los inspectores.

Aunque se cuenta que fueron muchos los ciclistas que utilizaron este procedimiento, la pera de caucho ha quedado para siempre asociada a la figura de Michel Pollentier, que el 16 de julio de 1978 se sirvió de ella para eludir el control antidopaje al final de una etapa en la que precisamente acababa de imponerse, una victoria de prestigio en el Alpe d'Huez que lo llevó a vestir el preciado jersey amarillo de líder del Tour de Francia.

Este bizarro episodio, que enseguida detallaremos, no hizo sino reforzar la imagen de ciclista extravagante que Michel Pollentier llevaba asociada desde que, en 1973, firmó su primer contrato profesional con el equipo Flandria. Por aquel entonces, Briek Schotte, el director del conjunto belga, ya comentó a su *soigneur* que acababan de firmar «a un tipo raro».

Le darían la razón los distintos apodos que Pollentier, un corredor que físicamente era más bien poca cosa —calvo desde la veintena, calzaba un 46 de pie y pedaleaba torcido—, recibió a lo largo de su carrera. Si bien el más popular era el de «Muslos de mosca», el belga también fue bautizado como «el Sapo», «Quasimodo», o, peor aún, «el Polio». Estos motes no dejan entrever sus virtudes, que sí se reflejan en un palmarés en el que destacan la *maglia rosa* en el Giro de 1977, el critérium del Dauphiné Libéré de 1978, el Tour de Flandes de 1980 o una prestigiosa victoria de etapa en la contrarreloj final del Tour de 1974, por delante, nada más y nada menos que del «Caníbal» Eddy Merckx.

A pesar de estos triunfos, que lo llevaron a formar parte del grupo de favoritos para alzarse con el Tour de Francia de 1978, Michel Pollentier no fue nunca un corredor estético que contara con los favores del público y de la prensa. Sin ir más lejos, el fatídico 16 de julio de 1978 en que el belga coronó en primer lugar las veintiuna curvas del Alpe d'Huez, Daniel Pautrat, el periodista que narraba la carrera para la televisión francesa, describió en los siguientes términos la hazaña: «¡Mirad cómo lucha Pollentier! Tiene un coraje enorme. Es uno de los corredores menos bellos de ver sobre una bicicleta, pero, sin duda, es también uno de los más valientes».

Con estos antecedentes, no es de extrañar que lo sucedido en el control antidopaje del final de aquella etapa que lo había vestido de amarillo alimentara su leyenda de corredor con tintes grotescos. Al control, obligado peaje para el vencedor antes de poder celebrar con champán su doble éxito, Pollentier entró con la pera de caucho bien escondida bajo el sobaco y con la intención de superar sin más contrariedades el trámite.

Sin embargo, no contaba con la presencia del doctor francés Alain Calvez, el responsable del control junto a Renaldo Sacconi, representante italiano de la Unión Ciclista Internacional. A diferencia de muchos de sus colegas, Calvez era metódico y escrupuloso en el ejercicio de sus funciones, lo que le llevó a sospechar enseguida de Pollentier cuando este cogió el frasco que debía rellenar con su orina y se situó de espaldas a los controladores.

Al margen del celo del doctor Calvez, el infortunio de Pollentier también estuvo marcado por otra circunstancia. El conducto que debía llevar la orina limpia desde la pera hasta su entrepierna estaba bloqueado. Así pues, por mucho que lo intentara, el ciclista belga no conseguía hacer salir la deseada micción.

Después de un cuarto de hora de espera, Pollentier intentó justificarse ante los controladores: «No me sale. Es la emoción. He ganado la etapa». La excusa no pareció convencer al doctor Calvez. Oliéndose que algo andaba mal, el director deportivo del Flandria, Fred de Bruyne, se personó en el control quizá con el objetivo de distraer a los médicos y permitir que su corredor descargara la orina limpia. Sin suerte. Tampoco tuvo éxito su intento de convencer a los responsables para que permitiesen al flamante maillot amarillo pasar el control en el hotel, en un entorno «más relajado», según sus propias palabras.

El argumento hizo flaquear a Sacconi, pero el minucioso doctor Calvez ni siquiera lo contempló. Cuando Pollentier llevaba una hora esperando en el control, el doctor se sorprendió al ver que el frasco para recoger la muestra se llenaba sin que él pudiera ver cómo. En aquel preciso instante, Calvez metió la mano en la entrepierna de Pollentier y tiró del tubo escondido, con tanta mala suerte que prácticamente toda la orina recogida le cayó sobre el pantalón. Fue entonces cuando se descubrió el montaje de «Muslos de mosca».

La noticia, un hecho hasta entonces sin precedentes, no tardó en saltar a los medios. El maillot amarillo del Tour de

Francia había sido expulsado de la carrera por intentar hacer trampas en un control antidopaje. Un fraude que, pese a la negativa inicial del protagonista a reconocer lo que, por otra parte, era impepinable, terminó excluyéndolo de la competición durante dos meses.

Las estrafalarias circunstancias en las que Pollentier fue cazado intentando hacer trampas en el control propiciaron un cachondeo generalizado entre los aficionados al ciclismo, que inventaron múltiples leyendas acerca del origen de la orina que el belga intentaba hacer pasar como suya. Una de las más extendidas era la que afirmaba que era de su mujer y que al ser analizada había revelado que estaba embarazada.

Aunque no tenía ningún fundamento, ya que la orina usada por Pollentier nunca llegó a examinarse, el chisme hizo fortuna y permitió la extensión de la fábula del ciclista embarazado. Rizando el rizo, hasta hubo quien, en un admirable ejercicio de fantasía, afirmaba que la respuesta del ciclista, intentando justificar la detección del embarazo de su esposa a través de su propia orina, fue que la noche antes del control había practicado sexo oral con ella, achacando así a un *cunnilingus* la presencia de restos de la orina de su esposa en la que presuntamente era su muestra.

Mientras los aficionados fantaseaban sobre el contenido de la pera de caucho, Pollentier se defendía argumentando que lo suyo no había sido un fraude sino únicamente una tentativa. Una idea que complementaba con un presunto complot contra los corredores belgas por sus éxitos en aquel Tour. «Creo que los belgas ganamos demasiado. Maillot verde, maillot amarillo, maillot de la montaña...», dijo recordando que, en el momento de su exclusión, era líder de la carrera y de la clasificación de la montaña mientras que su amigo y compañero de equipo, Freddy Maertens, vestía el jersey verde.

El objetivo de la conspiración, según insinuaba Pollentier, era la consagración del francés Bernard Hinault, en aquel momento una estrella emergente que terminaría ganando, en aquella edición de 1978, el primero de sus cinco Tours de Francia.

En realidad, si existió alguna maniobra para que «Muslos de mosca» fuera atrapado en pleno intento de hacer trampas en el control antidopaje, todo apunta a que partió de su equipo, ya que uno de sus grandes problemas fue que la pera y el sistema que utilizó eran defectuosos. Quizás una casualidad o quizás otra cosa que nunca ha podido demostrarse.

Aparte la pretendida confabulación contra los belgas, Pollentier usó otro argumento mucho más prosaico para intentar justificarse. Como si de un niño pequeño se tratara, el corredor belga no se sonrojó al afirmar que la de la pera era una práctica muy extendida entre el pelotón. Un razonamiento que, evidentemente, no suscitó ninguna clemencia.

El incidente con la pera marcó el resto de la trayectoria de Pollentier y ensombreció para siempre sus éxitos. Como él mismo se encargó de recordar en una entrevista publicada en 2011, más de un cuarto de siglo después de su retirada, en el periódico belga *La Dernière Heure:* «Sé que cuando me muera la prensa solo hablará de la pera. Estoy marcado para siempre».

De hecho, años antes, los guionistas de *La bici de Ghislain Lambert* (2001) —seguramente el principal film de culto del entorno ciclista— hicieron pasar al protagonista por una situación similar a la que vivió el belga. Pero no solo la ficción encontró en él su fuente de inspiración. Desde que Pollentier fuera cazado con la polémica pera bajo el sobaco, muchos otros deportistas han intentado engañar a los controladores con sistemas similares. Por ejemplo, en 2013, el atleta italiano Devis Licciardi intentó hacer lo mismo con una versión un poco más sofisticada del rudimentario sistema que usó Pollentier en 1978: un falso pene de plástico relleno con orina limpia. Una innovación que tampoco funcionó porque los responsables del control se negaron a dejarlo solo para que pudiera mear tranquilo. Lo mismo que había querido hacer el «pionero» Michel Pollentier treinta y cinco años antes sin éxito.

ESPAÑA, 1978

CUANDO LA VUELTA SE DESPIDIÓ DEL PAÍS VASCO

En 2011, después de treinta y tres años sin recorrer sus carreteras, la Vuelta volvió al País Vasco. A pesar de esta ausencia, la principal prueba ciclista estatal mantenía una relación muy estrecha con Euskadi como demuestran tanto sus orígenes —inspirados en el Gran Premio República creado en los años treinta en la localidad guipuzcoana de Éibar—, como su consolidación, cuando en 1955 el periódico vizcaíno *El Correo Español-El Pueblo Vasco* se hizo cargo de la organización de la carrera convirtiendo las ciudades de Bilbao y de San Sebastián en escenarios preferentes de la llegada final de la prueba.

En 1978, era precisamente la capital guipuzcoana, la bella Donosti, la que debía acoger el final de la edición de la Vuelta que fue, seguramente, la más accidentada de la historia como consecuencia de la coyuntura sociopolítica.

La Vuelta de 1978, que partió de Gijón y debía terminar en San Sebastián, tenía un marcado acento vasco ya que sus cuatro últimas etapas, las que teóricamente tenían que decidir el vencedor, transcurrían por las carreteras del País Vasco. De hecho, desde que *El Correo* organizaba la prueba, esta era una situación muy recurrente y, en buena parte, lógica dado que el ámbito geográfico que cubría el periódico era precisamente el de las provincias vascongadas.

El contexto político en que se disputó la edición de 1978 estaba marcado por el proceso de Transición y el conflicto abierto que enfrentaba a los partidarios de la ruptura, entre los que se encontraba la izquierda *abertzale,* con un régimen que iba camino de una reforma pactada que cristalizaría en la aprobación de la Constitución en diciembre de ese año.

Las luchas sociales tuvieron, muy pronto, un protagonismo notable durante la Vuelta. Mientras se disputaba la tercera etapa, entre Gijón y Cangas de Onís, la carrera fue testigo de una manifestación de mineros a su paso por Mieres. Los trabajadores aprovechaban así la repercusión de la competición para dar mayor visibilidad a su lucha por salvar las minas de Figaredo.

Pero el verdadero desafío para la Vuelta llegó cuando se adentró en territorio vasco. De hecho, el contexto sociopolítico parecía ser lo único que podía evitar el triunfo del mítico Bernard Hinault que, en la primavera de 1978, disputaba su primera gran carrera de tres semanas, con la que estrenaría uno de los mejores palmarés de la historia del ciclismo y que incluye, nada más y nada menos, que cinco Tours, tres Giros y dos Vueltas.

Lejos de los incidentes que iban a marcar el final de la carrera, la entrada del pelotón en el País Vasco se vivió con gran entusiasmo por parte del público. Las crónicas periodísticas de la época cuentan que la emoción en las carreteras aumentó exponencialmente cuando la Vuelta entró en Euskadi.

La victoria de la primera etapa por tierras vascas fue para el ciclista asturiano Enrique Cimas que, pese a afirmar que el ambiente se encontraba «un poco enrarecido por la situación política», no dudó en calificar a la afición vasca como «la mejor del mundo», una aseveración que no gustó demasiado en su Asturias natal, donde Cimas se había impuesto también en una etapa de aquella Vuelta, precisamente la de la protesta minera que terminó en Cangas de Onís.

El ambiente enrarecido al que hacía referencia el asturiano no tardó en condicionar, y mucho, la disputa de la Vuelta. En aquellos días de mayo de 1978 en los que la carrera recorría el País Vasco, se celebraba allí la Semana Pro Amnistía, que reclamaba la liberación de los presos políticos y que, como hemos visto en un capítulo anterior, había tenido ya gran impacto en la edición anterior de la Vuelta.

El balance trágico de la Semana, que coincidió con los cuatro días en los que la Vuelta pasó por el País Vasco, fue de cinco muertos, varios heridos de gravedad y decenas de incidentes en todos los rincones de la geografía vasca, con constantes enfrentamientos entre manifestantes pro-amnistía y fuerzas policiales.

A pesar de que las dos primeras etapas vascas de la Vuelta se disputaron sin incidentes notables, las dos últimas, que debían celebrarse el último día de la prueba, se convirtieron en un auténtico calvario para los ciclistas.

En primer lugar, la organización decidió modificar la salida de la primera etapa del día: en vez de tener lugar en Galdácano, como estaba previsto, partió desde Amurrio, la localidad que había acogido la llegada del día anterior. Se argumentaron razones de seguridad, dado que en Galdácano, la tarde anterior, se había producido un tiroteo entre agentes de la Guardia Civil y miembros de un comando de ETA en las inmediaciones de la casa cuartel de la población.

Desde el inicio de la etapa, la organización temía que los militantes de la izquierda *abertzale* intentaran boicotear la carrera. Los corredores vascos, conocedores de la situación, habían alertado a sus compañeros de esta posibilidad, lo que provocó que la mayoría de los ciclistas decidieran circular juntos en el seno del pelotón para garantizar una mayor seguridad.

Tal como se intuía, los contratiempos no tardaron en llegar. A la entrada de Durango, un grupo de manifestantes lanzó troncos, tablones, tachas y chinchetas a la carretera con el objetivo de detener la carrera. Y lo consiguieron. El pelotón estuvo parado durante más de una hora en esta localidad vizcaína mientras se discutía qué solución se debía adoptar.

El equipo francés Renault, del que formaba parte Bernard Hinault, que vestía el jersey de líder, se mostró partidario de suspender completamente la jornada y dar por terminada la Vuelta. Aun así, la organización decidió suspender únicamente una parte de la etapa y trasladar a los corredores en autocar hasta Zarauz, donde se retomó la carrera bajo un clima de alta tensión y habiendo recorrido solamente 84 kilómetros de los 148 previstos.

Entre el público que esperaba el paso de la prueba en Zarauz se encontraba José Ángel Iribar, el legendario portero del Athletic Club conocido como «el Txopo», que era hijo de esta localidad guipuzcoana. Iribar, que contemplaba la prueba acompañado de su familia, reclamó varias gorras a los corredores para su hijo, una petición que fue rápidamente satisfecha. La presencia del cancerbero, que pocos días antes de la llegada de la Vuelta al País Vasco había participado en la creación de la coalición independentista Herri Batasuna, evidenciaba que no toda la izquierda *abertzale* alentaba el boicot a la prueba.

La llegada de esta accidentada primera etapa del día tuvo lugar en el velódromo de Anoeta que, como consecuencia de los incidentes de la jornada, concentraba un público más bien escaso. La victoria fue a parar a manos de Txomin Perurena, que se impuso al esprint en lo que fue un simulacro de etapa, dado que el pelotón circuló unido y temeroso hasta poco antes de la entrada en el velódromo.

Todavía quedaba la etapa vespertina, una contrarreloj individual que debía recorrer varias localidades cercanas a San Sebastián para terminar, de nuevo, en Anoeta. A pesar de disputarse, la etapa fue finalmente anulada por la organización dados los reiterados incidentes que se produjeron y que afectaron a numerosos corredores: se vivieron situaciones kafkianas, espectadores que retenían las bicicletas de algunos ciclistas para boicotear la prueba, otros que lanzaban arena a los ojos de los corredores o los empujaban en plena carrera... En resumen, el resultado final de la contrarreloj estaba tan alterado por los distintos percances que se tomó la decisión de anularla.

El mejor tiempo lo había marcado Bernard Hinault, que lucía el jersey amarillo de líder de la carrera. Cuando el bretón entró en el velódromo de Anoeta, el público le dedicó una sonora pitada, probablemente por su condición de francés, que pronto se convirtió en una cerrada ovación en reconocimiento de la cadencia y el estilo del corredor.

Hinault ganaba así, con una superioridad insultante, su primera gran competición ciclista. El bretón había vestido el maillot amarillo durante doce días y se había impuesto en cinco etapas, que hubieran sido seis si la última no hubiera sido anulada. A pesar de todo, la Vuelta de 1978 no pasó a la historia solo por el triunfo del gran ciclista francés.

Los graves incidentes provocaron un cambio radical en el futuro de la Vuelta. Ante los percances que los corredores habían sufrido en las carreteras vascas, el periódico *El Correo* decidió renunciar a la organización de la carrera si en adelante esta iba a tener que renunciar a recorrer el País Vasco.

La edición de 1979, pues, ya no la organizó el diario vizcaíno, como había sucedido desde 1955, sino que fue la primera a las órdenes de la empresa Unipublic, que decidió que la Vuelta no volviera a pisar territorio vasco. El boicot de la izquierda *abertzale* había surtido efecto: para esta, la renuncia a atravesar Euskadi servía para demostrar al mundo que no era un territorio español.

Tuvieron que pasar treinta y tres años para que la caravana de la Vuelta volviese a atravesar las carreteras vascas. Al menos de manera oficial, ya que en 2005 la caída de un camión obligó al pelotón a circular por la localidad vizcaína de Lanestosa, ubicada cerca de la frontera con Cantabria.

En 2011, la situación sociopolítica en el País Vasco poco tenía que ver con la de 1978. El alto el fuego decretado por ETA en 2010, al que el año siguiente se añadió el «cese definitivo de la actividad armada», facilitó que la Vuelta decidiera regresar a Euskadi. El retorno no estuvo exento de protestas, si bien pacíficas en esta ocasión, que reclamaban la independencia vasca. Nada que ver, en cualquier caso, con los sucesos de aquel agitado 1978 en el que la Vuelta dijo adiós, por más de tres décadas, a las carreteras del País Vasco.

ESTADOS UNIDOS, 1981

GUERRA FRÍA SOBRE RUEDAS

En 1980, la Guerra Fría deportiva que libraban Estados Unidos y la Unión Soviética llegó a uno de sus momentos álgidos con el boicot norteamericano a los Juegos Olímpicos de Moscú; en la cita olímpica, el ciclismo del país de los sóviets había demostrado su potencial cosechando un total de seis medallas, entre ellas el oro de la prueba en ruta que se colgó el mítico Serguéi Sujoruchenkov. Un año después, ya con el republicano Ronald Reagan en la Casa Blanca, la Coors Classic, principal prueba ciclista estadounidense, invitó por vez primera a los laureados corredores soviéticos a enfrentarse, entre otros, al recién creado 7-Eleven, equipo estandarte del nuevo ciclismo yanqui, en las cimas de las legendarias Montañas Rocosas de Colorado.

La Coors Classic, que llegó a ser considerada la cuarta gran prueba mundial, solo por detrás del Tour, el Giro y la Vuelta, tiene su origen en 1975, cuando el empresario Mo Siegel —originario de Boulder, Colorado, y propietario de la empresa de té Celestial Seasoning— decidió impulsar una nueva competición para promover el interés por la bicicleta no solo como deporte sino también como entretenimiento y medio de transporte alternativo.

La nueva prueba fue bautizada Red Zinger Classic, adoptando el nombre del sabor más popular que la compañía de té comercializaba por aquella época. A pesar de los intentos de Siegel por despertar el interés del público norteamericano por el ciclismo (entre los que destaca la contratación, en 1976, del joven publicista Michael Aisner, un absoluto desconocedor de este deporte pero entre cuyos méritos destacaba la campaña de Brigitte Bardot contra el asesinato de focas en el Ártico, que tuvo repercusión planetaria), el empresario se desvinculó de la competición apenas cuatro años después de haberla puesto en marcha dado el elevado coste que suponía para las arcas de su compañía.

Siegel decidió vender los derechos de organización de la prueba por un dólar a Aisner, una decisión que cambiaría para siempre la historia de la competición y del ciclismo norteamericano. Entre las sugerencias que Siegel hizo a su pupilo estaba la de llevar la carrera hasta la ciudad de Golden, también en Colorado, y buscar el patrocinio de Coors, una de las compañías cerveceras más importantes del mundo y con sede en dicha localidad.

A primera vista, la idea parecía descabellada. ¿Podía una prueba ciclista creada por una compañía de tés —considerada más bien contracultural y un poco hippy— pasar de la noche a la mañana a ser patrocinada por una gigantesca empresa que tenía, además, profundos vínculos con el Partido Republicano? La respuesta fue sí. La cervecera aceptó la propuesta de Aisner y dio pie al nacimiento de la Coors International Bicycle Classic, que celebró su primera edición en 1980, el mismo año en que, so pretexto de la guerra que los soviéticos libraban en Afganistán, el presidente Jimmy Carter había decidido que el equipo olímpico de Estados Unidos no acudiese a los Juegos de Moscú. El boicot provocó que los ciclistas *amateurs* yanquis, entre los que se encontraba un entonces jovencísimo Greg LeMond, no pudieran plantar cara a los corredores soviéticos.

Al margen de la complicidad de Coors, la prueba contó también con el apoyo de las autoridades estatales. Sin ir más lejos, la edición de 1981 fue presentada en rueda de prensa desde las escaleras del Capitolio de Colorado, sede de la asamblea general y de las oficinas del gobernador, un cargo que entonces ocupaba el demócrata Dick Lamm.

En aquella conferencia de prensa —en la que a Michael Aisner lo acompañaban el gobernador Lamm y Peter Coors, directivo de la marca— la historia de la Coors Classic cambió para siempre cuando, para sorpresa de propios y extraños, el director de la prueba comunicó que tenía intención de invitar al equipo soviético a participar en la edición de ese año.

A pesar de que la cervecera tenía estrechas relaciones con el Partido Republicano (sirva como ejemplo que el padre de Peter Coors era miembro del gabinete del recién nombrado presidente Reagan), aceptó de buen grado una idea que, de materializarse, iba a disparar la popularidad de la prueba que llevaba su nombre, y que permitía librar una nueva batalla de la Guerra Fría, esta vez enfrentando a los ciclistas yanquis con sus homólogos soviéticos.

La invitación al equipo de la URSS, que nunca había competido en suelo estadounidense, se cursó vía télex (un sistema de comunicación con el otro lado del telón de acero muy utilizado en la época) desde los despachos de la Coors, lo que dejó para la historia la paradójica imagen de una de las empresas más identificadas con Reagan y la línea dura contra Moscú del Partido Republicano comunicándose con los «pérfidos» comunistas para gestionar su participación en una prueba en suelo yanqui.

Si bien la idea de Michael Aisner entusiasmó a la prensa y a los patrocinadores, los ciclistas estadounidenses no terminaron de ver claro el asunto. Muchos escribieron al director exigiéndole que recapacitara, que los soviéticos vendrían y se llevarían todos los premios económicos dejándolos a ellos sin nada. Aisner no cambió de opinión, más bien al contrario, y contestó diciendo: «Si ese es vuestro temor, ¡moved el culo y ganadles!». De hecho, el director explicó que el único corredor que respondió positivamente a la propuesta fue Greg LeMond, quien acababa de firmar con el equipo francés Renault-Elf el contrato que lo convertía en profesional y quería resarcirse de no haber podido competir contra los soviéticos en los Juegos de 1980. «¡Tráigalos! Les enseñaré qué rueda deben seguir», afirmó arrogante el corredor, que entonces contaba apenas diecinueve años.

Las gestiones de Aisner fructificaron y el equipo soviético aceptó participar. Hasta Colorado llegó un combinado encabezado por Serguéi Sujoruchenkov, el campeón en ruta de Moscú 1980, y entrenado por otro oro olímpico, Viktor Kapitonov, que se había coronado en los Juegos de Roma de 1960. A Sujoruchenkov lo acompañaba una selección de experimentados corredores que, a pesar de ser técnicamente *amateurs* dada la organización del deporte en la URSS, poco tenían que envidiar a algunos profesionales.

Pocas semanas antes del inicio de la carrera, el director recibió una sorprendente visita. El FBI se presentó en su despacho para darle instrucciones sobre cómo actuar en caso que alguno de los integrantes de la delegación soviética desertara, una circunstancia que la Oficina Federal de Investigación contemplaba como muy plausible, aunque finalmente nunca se dio.

El enfrentamiento previsto por las carreteras de Colorado entre los representantes ciclistas del capitalismo y del comunismo provocó que una avalancha de medios de comunicación solicitaran acreditarse para cubrir la prueba, todo un éxito que certificaba el buen olfato de Aisner y lo acertado de su decisión de convertir la Coors Classic de 1981 en una Guerra Fría sobre ruedas.

Entre los representantes estadounidenses —al margen de Greg LeMond, que ya competía con el Renault-Elf del mismísimo Bernard Hinault—, destacaba el equipo 7-Eleven, de reciente creación y que afrontaba la Coors, anunciada como el «Tour Nacional de Estados Unidos», como uno de sus primeros grandes retos.

El 7-Eleven preparó la carrera a conciencia, conocedor del salto cualitativo que podía representar un buen papel en una prueba que había despertado tanta expectación entre el público. Poco antes de la Coors, el equipo se instaló en un complejo alpino en Breckenridge, a casi tres mil metros de altura, donde realizó una intensa preparación con el objetivo de aclimatarse y conseguir el punto de forma óptimo para participar en la carrera.

La realidad, empero, distó mucho de lo que habían planeado. La Coors Classic de 1981 fue un auténtico desastre para el 7-Eleven. Sus corredores llegaron exhaustos a la prueba y el mejor clasificado del equipo fue Greg Demgen, con un discreto decimosexto puesto. Si los yanquis tenían que confiar en el 7-Eleven para derrotar a los «diabólicos comunistas», iban apañados…

La gran suerte para el público local y sus medios de comunicación —que vieron en la competición un filón patriótico con el que exaltar la interminable Guerra Fría— fue el gran estado de forma de Greg LeMond. El joven corredor se encargó de mantener bien alto el pabellón yanqui; no era para menos en una competición cargada de simbolismo y que se presentó en un acto celebrado en el estadio Folsom Field de la Universidad de Colorado el 4 de julio, coincidiendo con la fiesta nacional estadounidense.

Hubo fuegos artificiales en aquella ceremonia inaugural y también, aunque de otro tipo, durante la disputa de la carrera. La intensa rivalidad entre yanquis y soviéticos llegó a provocar que, al término de la etapa que subió a la cima del monte Evans, Greg LeMond propinara un puñetazo a su compatriota Dale Stetina acusándole de favorecer a los adversarios.

Después de un combate titánico librado en las cimas de las Rocosas, LeMond logró imponerse, no únicamente en dos etapas, sino también en la clasificación general; su victoria fue recibida con gran entusiasmo por los cuarenta mil espectadores que se congregaron en el parque natural de Boulder para seguir el final de la carrera, y que vieron cómo el orgullo nacional norteamericano quedaba intacto.

A pesar de los cinco minutos que sacó al segundo clasificado, la victoria no fue pan comido para LeMond. Dos corredores soviéticos, Yuri Kashirin y Yuri Barinov, lo acompañaron en el podio. A ese segundo y tercer puesto los soviéticos añadieron el cuarto lugar de Sujoruchenkov y, sobre todo, el triunfo en la clasificación por equipos, que ellos afirmaron considerar más importante de acuerdo con la visión colectiva, del deporte y de la sociedad, que su régimen pregonaba.

Más allá de los resultados deportivos —que podían leerse a conveniencia de cada uno de los contendientes de aquella intensa Guerra Fría a pedales—, el auténtico triunfador de la legendaria Coors Classic de 1981 fue Michael Aisner, que logró centrar la atención mediática de Estados Unidos en el ciclismo, un objetivo nada fácil por entonces, y hacer de su prueba el referente norteamericano más cercano al mítico Tour de Francia. Todo gracias a la batalla entre yanquis y soviéticos que se libró en la cúspide de las Montañas Rocosas.

UNIÓN SOVIÉTICA, 1984
UN ESPRÍNTER TRAS EL TELÓN DE ACERO

Djamolidine Abdoujaparov es uno de los esprínteres más recordados del pelotón de los convulsos años noventa. Su estilo agresivo y arriesgado, que quedó patente en la espectacular caída en los Campos Elíseos durante la última etapa del Tour de 1991, le valió no pocas enemistades entre sus compañeros velocistas. Aun así, ese carácter fuerte fue precisamente el que le permitió conseguir un palmarés envidiable en el que destacan las clasificaciones por puntos de las tres grandes vueltas, un hito sin precedentes para un corredor formado tras el telón de acero.

En 1970, cuando Abdoujaparov era apenas un niño, los estudios cinematográficos Lenfilm estrenaron una de las películas soviéticas de mayor éxito de todos los tiempos, *Sol blanco del desierto,* una comedia inspirada en los wésterns norteamericanos que con el tiempo se ha convertido en una auténtica película de culto. El largometraje, que transcurría en Turkmenistán, tenía entre sus entrañables personajes a un caudillo basmachí, de nombre Abdullah, que se rebelaba contra el Ejército Rojo.

La popularidad del filme y la singularidad del personaje de Abdullah, el villano, representante de todas las vilezas que el régimen soviético combatía —incluido un harén con el que pretendía seducir al buen soldado Fiódor Sújov—, hicieron que durante un tiempo buena parte de los soviéticos originarios de las repúblicas centroasiáticas fueran designados con el nombre burlón de Abdullah. Precisamente con este mote era conocido, en el pelotón soviético de los años ochenta, un prometedor corredor natural de Taskent, capital de la República de Uzbekistán: Djamolidine Abdoujaparov.

A pesar del carácter socarrón del apodo, lo cierto es que, en el caso de Abdoujaparov, sus compañeros lo usaban con gran respeto, aunque en pocas ocasiones se atrevieran a utilizarlo para interpelar directamente al interesado, que prefería el apelativo de Djaphir, un diminutivo de su verdadero nombre, difícil de pronunciar para un pelotón formado mayoritariamente por corredores rusos.

Abdoujaparov nació en el seno de una familia musulmana uzbeka de lo más normal en los años sesenta (su padre era chófer y su madre cocinera en una guardería), pero sus orígenes hay que buscarlos lejos de la antigua Taskent —uno de los puntos principales de la Ruta de la Seda que durante siglos unió Asia y Europa—: Abdoujaparov es un tártaro de Crimea cuya familia fue deportada por orden de Stalin para castigar a los integrantes de este grupo étnico a quienes el comunismo soviético acusaba de haber colaborado con el nazismo. La deportación, iniciada en 1944, llevó a más de ciento cincuenta mil tártaros hasta Uzbekistán, a más de tres mil kilómetros de su hogar, y comportó también la abolición de la consideración de los tártaros de Crimea como nación por parte del régimen estalinista.

A pesar del traumático pasado familiar, Djamolidine creció feliz en el Taskent de los años setenta. En este sentido, él mismo reconoció en 2013, en una entrevista para la revista francesa *Pédale,* que sentía nostalgia por la Unión Soviética en la que vivió una infancia alegre donde «la gente era igual y la vida era más bella». El joven Abdoujaparov se graduó en el programa deportivo soviético y empezó a destacar en ciclismo, un deporte de escasa tradición en su país natal, donde, dicho sea de paso, la práctica deportiva estaba bastante menos extendida que en el resto de la URSS.

Que los territorios soviéticos de Asia Central tuvieran un menor desarrollo en lo que se refiere a la práctica ciclista no fue impedimento para que, durante los primeros años ochenta, la figura de Abdoujaparov emergiera más allá de Taskent y de Uzbekistán y se convirtiera en una de las grandes promesas del ciclismo soviético, entonces todavía regido por el amateurismo. La incorporación de Abdoujaparov al pelotón soviético, y que él fuera prácticamente el único ciclista relevante procedente de las repúblicas centroasiáticas, le valieron al joven tártaro el apodo clandestino, como ya hemos visto, de Abdullah. Más allá de su origen, destacó rápidamente por sus aptitudes deportivas, especialmente en el esprint. Su pedaleo arriesgado, a pesar de ser errático y muy heterodoxo, le proporcionó no pocos triunfos en pruebas menores, lo que acabó provocando que en 1984 fuera seleccionado para representar a la Unión Soviética en sus primeras competiciones internacionales.

El bautismo internacional le llegó con el Girobio, una vuelta ciclista a Italia *amateur* creada a imagen del Tour de l'Avenir francés, en la que Abdoujaparov consiguió una victoria de etapa y donde, a sus veinte años, descubrió por vez primera que había gente que se dedicaba profesionalmente al deporte de sus amores. Gracias a esta experiencia, convertirse en uno de ellos pasó a ser su principal objetivo vital.

La primera temporada en la que «el Expreso de Taskent» traspasó las fronteras soviéticas se completó con tres triunfos de etapa en la Vuelta a Cuba —una competición en la que el uzbeko fue participante recurrente durante un lustro y donde consiguió, en 1989, un meritorio segundo puesto final, solo por detrás de Eduardo Alonso, la estrella ciclista local que enlazó cinco victorias consecutivas—. De vuelta a casa, en 1984, Abdoujaparov se alzó con el tercer puesto en el campeonato soviético de ciclismo en ruta, prueba de la que se proclamaría campeón tres años más tarde.

Desde entonces, su nombre se hizo habitual de las pruebas ciclistas de los países socialistas. En 1987, el uzbeko debutó en la Carrera de la Paz —la competición que, recordemos, pretendía rivalizar con el Tour de Francia al otro lado del telón de acero y que recorría Checoslovaquia, Polonia y Alemania Oriental—. El estreno fue también prometedor, ya que en su primera participación consiguió tres victorias de etapa, a las que se sumaron tres más en los años siguientes. En 1988, Abdoujaparov se enfundó el maillot de campeón de la clasificación combinada de la Carrera de la Paz, un triunfo que parecía anticipar sus futuros éxitos en las clasificaciones por puntos de las grandes vueltas occidentales.

Después de varios años participando en competiciones *amateurs* de los países comunistas, como las mencionadas Vuelta a Cuba o Carrera de la Paz, además de las vueltas al mar Báltico, a Polonia, o a Sochi, por citar solo algunos ejemplos, la gran oportunidad para Abdullah llegó con los cambios políticos que se produjeron en Europa del Este a partir de 1989. En 1990, el uzbeko firmó su primer contrato profesional con Alfa Lum, una escuadra italiana creada en 1982 que, en 1989, se había convertido en el primer equipo ciclista profesional bajo control soviético a pesar de estar domiciliado en San Marino: la nueva dirección renovó entonces todos los efectivos y el conjunto pasó a estar formado exclusivamente por corredores originarios de la URSS. Abdoujaparov se incorporó en 1990 y, a pesar de un palmarés virgen luciendo su camiseta, se hizo un hueco en el pelotón internacional y participó en su primer Tour de Francia. Para la temporada 1991, firmó un contrato con el Carrera, un equipo italiano muy consolidado que le abrió de nuevo las puertas del Tour y que le permitió ganar, en su segunda participación, no solo dos etapas sino también el maillot verde que distinguía al mejor esprínter.

Un esprínter que había crecido en el corazón de Asia y que demostró, desde muy joven, ser uno de los mejores velocistas de su generación. Un ciclista que, a pesar de sus triunfos profesionales lejos de su Unión Soviética natal, siente una profunda añoranza por ese ya desaparecido Estado al cual no esconde que le gustaría volver. Una misión imposible, incluso para un aguerrido esprínter como él.

FRANCIA, 1986

POR LA BOCA MUERE EL MACHO

Entre 1985 y 1989, el periodista francés Jacques Chancel dirigió el mítico programa de televisión *À chacun son tour* que, al final de cada etapa de la ronda francesa, entrevistaba a los grandes protagonistas de la jornada, tanto masculina como femenina, y que dejó algunas escenas para la historia como los vergonzosos comentarios machistas de los corredores Marc Madiot y Laurent Fignon ante la atónita mirada de la campeona Jeannie Longo. Todo un ejemplo de que, demasiadas veces, por la boca muere el macho.

Jacques Chancel fue, sin lugar a dudas, un periodista singular. Su larga trayectoria, iniciada a los diecisiete años —cuando se convirtió en corresponsal de guerra de Radio France Asie, para la que cubrió el conflicto bélico de Indochina que terminó con la independencia de Laos, Camboya y Vietnam—, lo llevó a dirigir numerosos programas de éxito en radio y televisión y a cubrir hasta treinta y cinco ediciones del Tour de Francia. En 1985 puso en marcha un nuevo formato, el citado *À chacun son tour,* que jugaba con el doble sentido de la palabra *tour* y que podía significar tanto «a cada cual su turno» como «a cada cual su Tour». Esta emisión se convirtió en el gran referente televisivo del ciclismo durante los meses de julio de la segunda mitad de los ochenta y fue la fuente de inspiración de los programas que, todavía hoy, se emiten al finalizar las etapas de la ronda gala.

La experiencia de Chancel como conductor de programas de variedades lo ayudó a incorporar puntos de vista hasta entonces inéditos en el tratamiento mediático del ciclismo. Así, artistas, políticos y escritores se convirtieron en protagonistas habituales de *À chacun son tour,* que Chancel guiaba con maestría y planteando siempre interesantes preguntas formuladas en un impecable francés. Quizá por eso, sus entrevistas a los corredores contribuyeron a cambiar la percepción de los ciclistas en el imaginario colectivo.

En aquella época, los corredores eran a menudo considerados unos *ploucs,* es decir, unos pueblerinos un poco paletos. Como Marc Madiot —el desgraciado protagonista de la historia que relataremos a continuación— se encargaría de recordar, el programa de Chancel ayudó a combatir los prejuicios existentes en torno a los ciclistas y demostró que estos podían ofrecer reflexiones interesantes.

Sin embargo, *À chacun son tour* también mostró una cara no tan simpática y agradable del ciclismo, como los recordados comentarios machistas contra el ciclismo femenino que Madiot, actual director del Groupama-FDJ, expuso en directo ante toda Francia en pleno verano de 1987. Unos argumentos que, el año anterior y en el mismo programa, ya había manifestado el doble vencedor del Tour Laurent Fignon.

El 4 de julio de 1986, el plató de *À chacun son tour* acogió a la vencedora de la primera etapa del Tour de Francia femenino, la francesa Jeannie Longo, y a uno de los grandes favoritos para llevarse la victoria en la ronda francesa masculina, Laurent Fignon, quien acababa de disputar la etapa-prólogo que había recorrido las calles de la ciudad de Boulogne-Billancourt.

Para sorpresa de Jacques Chancel, que empezó la entrevista a Fignon preguntándole si se interesaba por el ciclismo femenino, «el Profesor» —como se conocía popularmente al corredor por sus gafas al estilo John Lennon y su aire académico— afirmó sin tapujos: «No me interesa. Lo digo como lo pienso». Con un tono firme pero cordial, Jeannie Longo reconoció que no le extrañaban las afirmaciones de su homólogo masculino y le reprochó no haberla ni tan siquiera saludado subiendo al plató. «¿No me has visto? Tendrías que hacerte arreglar las gafas», le afeó al tiempo que Fignon intentaba justificarse.

Cuando Chancel pretendió que argumentara su desapego, el corredor parisino desplegó —en un tono afable, eso sí— una retahíla de ideas machistas: que si «no es un deporte estético», que si «no es muy bonito de ver», que si «no me interesa...».

Al darse cuenta de la imagen que proyectaba, Fignon procuró matizar sus palabras con otra frase que tampoco resultó demasiado afortunada: «No me gusta ver a las mujeres sobre una bicicleta, pero eso no quiere decir que me guste verlas solo en la cocina».

Jacques Chancel intentó corregir al corredor despertándole el interés por ver a Longo y a sus compañeras subiendo las rampas del Alpe d'Huez, pero ni así consiguió mover un ápice a Fignon de su desinterés por el ciclismo femenino. Ante esta situación, el presentador le lanzó una pequeña puya recordándole una evidencia: que aquella tarde Longo vestía el maillot amarillo de líder del Tour femenino, cosa que Fignon no hacía en la prueba masculina. Una fina manera de ponerlo en su sitio.

Una situación parecida, aunque con una carga mucho más elevada de tensión dialéctica, se repitió al año siguiente cuando Jeannie Longo coincidió con Marc Madiot en el plató de *À chacun son tour.* El 20 de julio de 1987 —después de que Pedro Delgado consiguiera el triunfo en la etapa masculina al imponerse en la meta de Villard-de-Lans y se acercara a un maillot amarillo que le terminaría birlando el irlandés Stephen Roche en la contrarreloj final de la edición—, la Francia ciclista contempló atónita a través del televisor cómo Jacques Chancel entrevistaba a Jeannie Longo, vencedora de la etapa femenina del día y a la postre también del Tour, y a Marc Madiot, que vestía el maillot de campeón francés. En la entrevista también estaba presente Laurent Fignon, que hizo saltar chispas y dejó algunas frases lapidarias que constituyen una buena muestra del machismo campante en el pelotón ciclista de la época.

Jacques Chancel, consciente de la polémica existente alrededor del ciclismo femenino, había invitado a Madiot para que matizara o reafirmara unas declaraciones anteriores en las que manifestaba que «una mujer sobre una bicicleta es fea» y que «si mi hermana se dedicase al ciclismo, renegaría de ella». Enfrente, una Jeannie Longo que había tildado de «grosero e intolerante» al campeón de Francia.

Lejos de retractarse, Madiot se mantuvo en sus trece y no tuvo reparo en afirmar disparates tales como que «hay deportes masculinos y otros femeninos», que «ver a una mujer bailar es bonito, pero verla sobre una bicicleta es feo», o que «amo demasiado a las mujeres para verlas sufrir».

Longo contratacó apuntando que «no se puede decir que se ama a las mujeres si no se respetan sus aspiraciones». La réplica terminó por sacar de sus casillas a Madiot que, finalmente, afirmó sin tapujos: «Sí, sí, estoy en contra del ciclismo femenino». Una sentencia que se sustentaba, como había hecho Fignon el año anterior, en el argumento de que el deporte debía tener un lado estético y que el ciclismo femenino carecía de él.

La grosería de Madiot, visiblemente cabreado, llegó hasta el punto de afirmar, a propósito de Evelyn Ashford, la atleta norteamericana que se había proclamado campeona olímpica de la prueba de cien metros en Los Ángeles 1984, que «ella, verla a ella es hermoso, es guapa en el esfuerzo», una sentencia a la que añadió, dirigiéndose a Longo, «¡usted, usted es fea, lo siento!».

Ante esta situación, Chancel intentó reconducir el debate haciendo ver a Madiot que estaba atacando directamente a Longo, a lo que él respondió que no, que en realidad lo que atacaba era el ciclismo femenino, en toda una declaración machista de principios.

Un poco antes, la campeona francesa había utilizado una popular cita de las fábulas de Jean de La Fontaine, *«son ramage ne rassemble pas à son plumage»*, para dejar claro que Madiot era guapo pero que eso era todo, que no había nada más por dentro.

Dando la razón a Longo, Madiot terminó su intervención en *À chacun son tour* apuntando que solo miraría el ciclismo femenino «el día en que las chicas se pongan unos maillots un poco más bonitos, unos culottes un poco más bonitos y unas zapatillas un poco más bonitas», alimentando la idea machista de que el deporte femenino solo despierta interés cuando permite contemplar a una mujer cosificada y realzada en su sexualidad.

Las afirmaciones pronunciadas por Fignon (con más calma) y por Madiot (con más vehemencia) confirmaban el machismo existente en el mundo del ciclismo. Un machismo que dos grandes campeones no dudaban en exhibir sin ningún rubor ante una audiencia millonaria.

Leyendo sus palabras con los ojos actuales, nos quedan tres consuelos. El primero de ellos, que ambos se retractaron después de sus afirmaciones. El segundo, que difícilmente hoy alguien podría sostener semejantes barbaridades en público, aunque eso no signifique que el machismo haya desaparecido por completo del mundo del ciclismo. El tercero, que Jeannie Longo, la campeona que tuvo que aguantar el chaparrón machista de sus homólogos masculinos, terminó su carrera con tres Tours de Francia, trece campeonatos del mundo y un oro olímpico en su palmarés. Algo de lo que ni Fignon ni Madiot, ambos grandísimos ciclistas, pueden presumir. Quizá por ello sus afirmaciones de antaño sean una buena muestra de cómo por la boca muere el macho.

ALEMANIA, 1987

EL TOUR QUE EMPEZÓ A LOS PIES DEL MURO DE BERLÍN

En la edición de 2023, el Tour de Francia partió, por segunda vez en su historia, desde el País Vasco. Después de que San Sebastián acogiera el *Grand Départ* de 1992, en la edición más europea de la prueba, celebrada unos meses después de la firma del Tratado de Maastricht, en 2023 fue Bilbao la ciudad que vio cómo la caravana de la mayor carrera ciclista del mundo tomaba la salida desde sus calles.

Las tres etapas vascas que marcaron el inicio de la *Grande Boucle* de 2023 evidenciaron que el paso de la competición por un determinado territorio es, al margen de una excelente operación comercial y publicitaria, una ocasión inmejorable para internacionalizar una reivindicación política, como es el caso de la lucha por la soberanía del País Vasco. Durante los tres días en los que los corredores transitaron por las carreteras vascas, fueron incontables las ikurriñas que saludaron su paso, a menudo acompañadas de consignas reivindicando la independencia vasca.

Más allá del de Bilbao, el *Grand Départ* con mayor significación geopolítica en la historia del Tour fue el que tuvo lugar el 1 de julio de 1987 desde Berlín, entonces dividida como consecuencia de la Guerra Fría, de la que fue uno de sus escenarios más destacados.

La salida desde Berlín Oeste, que se encontraba bajo soberanía de la capitalista República Federal de Alemania (RFA), era la novena en la historia del Tour que tenía lugar fuera de las fronteras francesas. La idea de hacer salir la ronda gala desde el extranjero se había realizado por primera vez en 1954, cuando el Tour partió desde Ámsterdam, en buena medida para celebrar el proceso de construcción europea que, durante la década de 1950, se había puesto en marcha con la creación de la Comunidad Europea del Carbón y del Acero (CECA).

A Ámsterdam le siguieron Bruselas, en 1958, y Colonia, en 1965. Este último *Grand Départ* fue especialmente simbólico porque, dos décadas después del fin de la Segunda Guerra Mundial, el Tour, uno de los grandes emblemas nacionales franceses, empezaba desde una ciudad alemana, certificando así la nueva etapa de amistad franco-germánica que se había iniciado con el nacimiento de la CECA.

La lista de salidas desde el extranjero se incrementó con los *Grands Départs* de Scheveningen (Países Bajos, 1973), Charleroi (Bélgica, 1975), Leiden (Países Bajos, 1978), Frankfurt (Alemania Federal, 1980) y Basilea (Suiza, 1982).

Aun así, ninguno de estos inicios del Tour tuvo la trascendencia geopolítica de la salida desde Berlín Oeste de la edición de 1987. En aquella ocasión, con el objetivo de contribuir a la celebración del 750.º aniversario de la ciudad, se decidió empezar el Tour desde la dividida localidad alemana, donde un muro separaba a la población desde hacía un cuarto de siglo.

A diferencia de los anteriores *Grands Départs* realizados fuera de Francia, la operación de 1987 era bastante más arriesgada. En primer lugar porque, hasta ese momento,

Berlín era la ciudad más alejada del país galo desde la que la carrera había tomado la salida. En segundo lugar, porque la situación de aislamiento de Berlín Oeste, un enclave de la RFA en la República Democrática de Alemania (RDA) completamente cercado por el célebre «muro de protección antifascista» construido en 1961 por las autoridades comunistas, dificultaba enormemente la circulación de la caravana ciclista, que tuvo que organizar un puente aéreo para evitar tener que acceder a la ciudad a través de los controles fronterizos de la RDA.

Para el *Grand Départ* berlinés, la organización planificó tres etapas que recorrieron, del derecho y del revés, el enclave germano-occidental. La etapa-prólogo consistió en una contrarreloj individual de poco más de seis kilómetros, disputada en la mítica explanada junto al palacio del Reichstag, edificio que se encontraba al otro lado del muro; a esta le siguió una etapa en línea de en torno a cien kilómetros; y la tercera fue una contrarreloj por equipos de cuarenta kilómetros exactos. Las tres tuvieron inicio y llegada en Berlín Oeste, el único municipio que el convoy del Tour recorrió durante aquellos primeros días.

Además de un acontecimiento deportivo enmarcado en la celebración del 750.º aniversario de la ciudad de Berlín, este inicio del Tour fue un acto de carácter geopolítico que reivindicó el derribo del muro y el fin de la división que Europa vivía desde la Segunda Guerra Mundial.

El 1 de julio de 1987, con el inicio de la carrera, la explanada del Reichstag acogió un acto inaugural en el que participaron el alcalde de Berlín Oeste, Eberhard Diepgen, de la CDU, la Unión Demócrata Cristiana de Alemania, y el primer ministro francés, Jacques Chirac, de la conservadora Agrupación por la República.

El alcalde quiso agradecer al Tour de Francia que hubiera elegido iniciar la carrera desde Berlín Oeste, al que definió como un «oasis de libertad en el mundo comunista» al tiempo que no dudó en remarcar el carácter eminentemente político de la decisión de hacer salir la ronda gala desde los pies del muro de Berlín: «El impacto del Tour es muy importante en toda Europa y lo hemos aprovechado para presentar Berlín, cosa que hace que este acontecimiento no tenga tan solo una dimensión humana, sino también política para esta ciudad que asume la resistencia contra un régimen totalitario».

Después del alcalde Diepgen, llegó el turno de Chirac, que quiso imitar los discursos que, en el mismo espacio, habían realizado previamente los presidentes norteamericanos John Fitzgerald Kennedy y Ronald Reagan. Kennedy había pronunciado, en 1963, su famoso *«Ich bin ein Berliner!»*, exclamando su condición de berlinés; y Reagan había dejado, el 12 de junio de aquel mismo 1987, pocos días antes del inicio del Tour, otra sentencia para la historia al reclamar: *«Mr. Gorbachev, tear down this wall!»*. Al igual que Reagan, Chirac exigió a Mijaíl Gorbachov, secretario general del Partido Comunista de la Unión Soviética, la demolición del muro. «¿De qué mejor manera se puede demostrar que reina un nuevo espíritu en Europa que destruyendo los obstáculos que impiden, hoy en día, que los ciudadanos se encuentren cómo, cuándo y dónde quieran?».

Si la disputa del Tour por las calles de Berlín ya tenía un elevado componente geopolítico, este aumentó cuando, después de la primera etapa, el ciclista polaco Lech Piasecki se vistió de amarillo convirtiéndose así en el primer ciclista procedente del otro lado del telón de acero en lucir el mítico maillot de líder. Piasecki, que había dado el salto al profesionalismo en 1986 al incorporarse a las filas del equipo italiano

Del Tongo-Colnago, podía presumir de haber ganado la Carrera de la Paz de 1985, así como el campeonato del mundo en ruta de la categoría *amateur* de ese mismo año.

Su hazaña, que le permitió lucir el maillot amarillo durante dos etapas, añadió todavía más épica a la edición, que pretendía reclamar lo que sucedió poco más de dos años después del paso de la carrera por el muro de Berlín: la caída de aquel telón de acero que dividía Europa.

Piasecki fue líder de la prueba, pero lo cierto es que no tuvo ninguna posibilidad de disputar el triunfo final, que conquistó Stephen Roche, convirtiéndose en el primer irlandés coronado en París y ampliando así el ámbito de influencia del ciclismo hacía nuevos países que tradicionalmente no habían destacado en este deporte.

Roche certificó su victoria en la contrarreloj que se disputó el día antes de la llegada a la meta final; al adelantar en cuarenta segundos al escalador español Perico Delgado, el irlandés le quitó el maillot amarillo al segoviano y se aseguró llegar líder a los Campos Elíseos, consiguiendo la primera de tres grandes victorias que conquistó ese mismo año 1987: Tour, Giro y campeonato del mundo. Una gesta que, hasta entonces, solo había estado al alcance del gran Eddy Merckx.

El triunfo de Roche fue el epílogo deportivo a una edición del Tour que se convirtió en un signo evidente de que los tiempos estaban cambiando en el Viejo Continente; poco más de dos años después, en noviembre de 1989, caía definitivamente el muro que había dividido Europa.

CANARIAS, 1988

CUBILLO CONTRA LA VUELTA

En 1985, el mismo año en que Antonio Cubillo, el principal dirigente independentista canario, volvió al archipiélago tras su exilio argelino, la dirección general de la Vuelta a España anunció que tenía la intención de que la prueba ciclista viajara, por primera vez en su historia, hasta las islas Canarias.

La Vuelta, que ya había llegado a las cuarenta ediciones y estaba plenamente consolidada como uno de los grandes referentes del calendario ciclista internacional, pretendía así superar el reto organizativo de desplazarse hasta un archipiélago geográficamente tan lejano y evidenciar a la vez la españolidad del territorio canario.

La idea de que una competición ciclista estatal recorriera las carreteras canarias no gustó demasiado al movimiento independentista liderado por Antonio Cubillo quien, a su regreso a las islas, había impulsado la creación del Congreso Nacional de Canarias a raíz de sus discrepancias con el histórico Movimiento para la Autodeterminación y la Independencia del Archipiélago Canario (MPAIAC), que él mismo había fundado en 1964 desde el exilio en Argel.

El MPAIAC defendía la independencia de Canarias desde una línea política africanista y partidaria de la lucha armada que, durante los últimos años de la década de los setenta, practicaban las Fuerzas Armadas Guanches. Esa circunstancia provocó que Cubillo fuera objeto, en 1978, de un intento de asesinato protagonizado por los servicios policiales españoles, dirigidos por el polémico Rodolfo Martín Villa, a la sazón ministro de Interior del Gobierno de la UCD.

Cuando, finalmente, la propuesta de la dirección de la Vuelta se concretó y se anunció que, en abril de 1988, las islas Canarias acogerían las etapas iniciales de la cuadragésima tercera edición de la carrera, el movimiento independentista puso en marcha una campaña llamando al boicot con la voluntad de demostrar al mundo que el archipiélago no era un territorio español, sino que se encontraba sometido a una dominación colonial.

A pesar de la firmeza de sus convicciones, lo cierto es que el movimiento era muy minoritario y el primer paso de la Vuelta por las islas generó una gran expectación entre la mayoría de la población. Sin ir más lejos, el Congreso Nacional de Canarias apenas había obtenido un apoyo electoral del 1,32% en las elecciones autonómicas de 1987, aunque también es cierto que sumaba, con otras opciones políticas de la izquierda nacionalista, casi el 8% de los sufragios.

En consonancia con la ilusión que la llegada de la Vuelta despertaba entre buena parte de los canarios, las autoridades locales se volcaron con el acontecimiento, hasta el punto de afrontar el pago de los ochenta millones de pesetas que costaba llevar la prueba hasta el archipiélago, un gasto que pretendían recuperar con la proyección exterior del mismo, lo que provocó la obsesión de que la imagen mostrada fuera la mejor posible.

En ese sentido, la coincidencia del paso canario de la Vuelta con tres días laborables provocó la suspensión de la jornada escolar en las distintas localidades por las que transcurría la prueba, a fin de reunir un mayor número de espectadores en las carreteras.

A pesar del entusiasmo del público más joven, no se puede decir que el paso de la Vuelta por las Canarias fuera un éxito. En primer lugar, porque en aquella edición no participó la gran estrella hispánica del momento, el segoviano Pedro Delgado, que prefirió correr el Giro; y, en segundo lugar, porque los traslados entre la península y las dos islas por las que transcurrió la prueba, Tenerife y Gran Canaria, generaron caos y cansancio entre el pelotón hasta el punto de provocar que aquella pionera experiencia no se haya vuelto a repetir.

En menor medida, otro aspecto que influyó en la percepción negativa que los corredores tuvieron de su paso por el archipiélago fue la campaña de boicot contra la Vuelta que realizó el movimiento independentista canario. Al margen de los carteles y de las pancartas que pregonaban que Canarias no era España y que, por tanto, la Vuelta no tenía nada que hacer allá, los militantes independentistas fueron un poco más allá e intentaron interrumpir el paso de la carrera por las carreteras canarias lanzando clavos y chinchetas. Antonio Cubillo, que lideraba estas protestas, afirmó, para justificar las acciones, que «Canarias es una colonia española. No es un territorio europeo sino africano. Aquí no se tiene que celebrar la Vuelta a España sino, en todo caso, la Vuelta a África».

Las chinchetas y los clavos provocaron los pinchazos de varios corredores y de una moto de Televisión Española que cubría la prueba, pero en ningún caso pudieron impedir que esta continuara con su recorrido. Como anécdota, cabe reseñar que, durante la disputa de la segunda etapa canaria, que unía San Cristóbal de la Laguna con Santa Cruz de Tenerife, la Guardia Civil detuvo a Guetón Cubillo, uno de los hijos adolescentes de Antonio Cubillo, mientras lanzaba chinchetas a la carretera para intentar parar la carrera.

Su padre, abogado de profesión, asumió la defensa del joven militante independentista al tiempo que manifestaba públicamente que lo que había hecho su hijo no era sino «un acto de patriotismo». Cubillo consiguió que su hijo fuera absuelto en el juicio —celebrado en La Laguna— porque el juez vio que el atestado policial, que acusaba al joven Guetón de llevar hasta ciento veinticinco kilos de chinchetas en los bolsillos en el momento de su detención, no tenía ninguna lógica.

Las incidencias que se vivieron durante el periplo canario de la Vuelta de 1988 motivaron que la dirección de la carrera declinase regresar al archipiélago por un largo período de tiempo. No fue hasta bien entrado el siglo XXI, cuando los organizadores del Tour de Francia compraron parte de Unipublic —la empresa responsable de la Vuelta—, que la idea de volver a Canarias y afrontar retos como la ascensión al Teide, la cima más alta del Estado español, volvieron a la mente de los dirigentes de la carrera.

Y, nuevamente, encontraron la oposición frontal del movimiento independentista. En 2012, meses antes de morir, Antonio Cubillo, ante los rumores de que la Vuelta podría volver al archipiélgado en la edición de 2013, manifestó que si la prueba cruzaba las carreteras insulares los militantes independentistas se prepararían para recibirla nuevamente con clavos y chinchetas porque «Canarias no es España, sino una colonia española».

Aunque finalmente la dirección de la Vuelta desestimó la inclusión de las islas en el recorrido, Cubillo había dejado claro, en sus últimos días, que el movimiento que históricamente había liderado boicotearía la carrera con el mismo argumento que lo había hecho en 1988. Un razonamiento que había guiado su existencia y que no es otro que la defensa de que las Canarias son una nación africana que tiene derecho a ejercer su autodeterminación y optar a la independencia. Un argumento que no casa con que la Vuelta quiera recorrer sus carreteras.

FRANCIA, 1988

EL TOUR DE PERICO, LOS GAL, LA «GUERRA VERDULERA» Y OTRAS BATALLAS HISPANO-FRANCESAS

«Pueblos vecinos, mal avenidos», dice el refranero castellano. Una sentencia que ilustra a la perfección las turbulentas relaciones entre España y Francia, dos Estados que han protagonizado numerosos conflictos a lo largo de la historia: la guerra franco-española del siglo XVII, la invasión napoleónica de principios del XIX o el enfrentamiento tácito entre ambos países durante el régimen franquista. Durante la década de 1980, a pesar de su acercamiento fruto del fin de la dictadura, Madrid y París revivieron viejas batallas como consecuencia del proceso español de integración europea. Fue tras el apogeo de la «guerra verdulera» cuando un joven segoviano conocido como Perico se alzó con la victoria en los Campos Elíseos llevando el ciclismo ibérico a la gloria. Un hecho que, pese a la simpatía que muchos franceses profesaban por el corredor, no terminó de gustar a todos en París.

Aunque el final de las cuatro décadas de franquismo en España fue ampliamente celebrado en Francia y motivó el acercamiento entre ambos países, la petición hispana de ingreso a la Comunidad Económica Europea (CEE), cursada en 1977, hizo saltar las alarmas entre los agricultores franceses, que veían con enorme recelo que las frutas y verduras del sur de los Pirineos invadieran su mercado a unos precios fuera de toda competencia.

El poder del sindicalismo agrario galo provocó que el Gobierno francés entorpeciera la incorporación de España a la CEE, que no se formalizó hasta 1986, casi una década después de la solicitud formal. En los primeros años ochenta, los agricultores franceses se convirtieron en una auténtica pesadilla para los camioneros que cruzaban La Jonquera exportando productos agrícolas españoles hacia la próspera Europa. La quema del contenido de esos vehículos devenía una práctica recurrente desatando lo que La Trinca, con su sorna habitual, bautizó como la «guerra verdulera». El «dónde *vous allez* con este camión, dónde *vous allez grandisim cochon, vous no passarez le pont d'Avignon*», que cantaba el trío de Canet de Mar en 1985, era una realidad que demasiado a menudo tenían que afrontar los transportistas después de cruzar la frontera.

La complicidad de la gendarmería y del Gobierno francés con estas prácticas era más que evidente. No en vano, los agricultores y la Francia rural eran auténticos poderes fácticos en el país galo. De hecho, el Tour, convertido en religión a ese lado de los Pirineos, era una exposición de las bondades de la campiña gala, la misma que acogía con entusiasmo desbordante el paso de la carrera y la aprovechaba para reivindicar sus especialidades locales.

La respuesta española a la quema de camiones al cruzar La Jonquera no pasó por dejar de ver el Tour de Francia —un ritual ochentero que acompañaba las largas siestas de julio congregando a la familia ante el televisor y generando audiencias millonarias—, sino por boicotear algunas empresas francesas, especialmente de alimentación. La principal víctima en España de la «guerra verdulera» fue la cadena de hipermercados Carrefour. Su nombre en la lengua de Molière y los inequívocos colores de la bandera francesa presentes en su logotipo la convirtieron en el blanco perfecto para quienes ansiaban venganza por los camiones atacados por los pérfidos agricultores galos. La estrategia debió de funcionar porque, ya fuera por las consecuencias económicas del boicot o por proteger su imagen de marca, Carrefour decidió cambiar la denominación y el emblema de sus establecimientos hispanos por el de Pryca, resultado de la contracción de «Precio y calidad». Un nombre «muy español y mucho español», que diría Mariano Rajoy.

Pero no fue únicamente la «guerra verdulera» la que envenenó las relaciones franco-españolas durante la década de los ochenta. La permisividad gala con la actividad de ETA en el País Vasco francés, según Madrid, y las acciones de guerra sucia de los GAL en este mismo territorio —amparadas, como mínimo, por la complicidad del Gobierno español, según París—, añadieron leña al fuego. Con la integración de España en la CEE, Francia modificó su política y empezó a entregar a refugiados vascos a las autoridades hispanas, consolidando así el acercamiento entre Felipe González y François Mitterrand, socialistas ambos, y propiciando el fin de la actividad de unos GAL que habían nacido precisamente para acabar con lo que ellos consideraban una excesiva tolerancia francesa con la presencia de miembros de ETA en Iparralde.

Esta situación provocó el desarrollo de una nueva campaña de boicot a los productos franceses, esta vez impulsada por la izquierda *abertzale,* con especial intensidad entre 1987 y 1989, para denunciar las extradiciones de refugiados. La campaña fue contestada por un grupo anónimo de comerciantes que publicó en el periódico *Deia,* cercano al PNV, un polémico anuncio que rezaba «¿Sabes por qué Txomin usaba niquis de cocodrilo?»: una evidente referencia a los polos de la conocida marca francesa Lacoste que solía vestir Txomin Iturbe, el histórico y carismático dirigente de ETA fallecido en Argel a principios de 1987.

Aparte la cuestión ETA-GAL y la «guerra verdulera», España y Francia libraron otras dos grandes batallas en los años ochenta. La primera, por convertirse en sede de los Juegos Olímpicos de 1992, una carrera en la que Barcelona se impuso con claridad a París. La segunda, por acoger el parque temático que Disney planeaba construir en Europa. En este caso, la capital francesa se llevó el gato al agua, en una lucha que fue aprovechada por los promotores norteamericanos del proyecto para obtener importantes concesiones gubernamentales. De las cenizas del principal proyecto peninsular para cobijar EuroDisney surgiría, años después, el exitoso parque Port Aventura.

Las tensiones hispano-francesas tuvieron, como no podía ser de otra forma, su traducción en el ámbito del deporte, llegando a su cénit con la final de la Eurocopa de fútbol de 1984. El 27 de junio, en pleno apogeo de la «guerra verdulera», Francia derrotó a España en un Parque de los Príncipes lleno hasta la bandera. La histórica cantada de Arconada, que se tragó incomprensiblemente el primer gol en una falta lanzada por Platini, marcó la final de un campeonato en el que la selección española «jugó como nunca y perdió como siempre», como se solía decir en aquellos tiempos de sequía de triunfos hispanos. Los galos se alzaron con la Eurocopa ante la atenta mirada de Mitterrand, González y un jovencísimo príncipe Felipe, en lo que fue también mucho más que un partido de fútbol.

Quizá fuera por eso, por la escasez de títulos del deporte español en los años ochenta, y por la rivalidad extradeportiva cultivada al mismo tiempo con Francia, por lo que el triunfo de Perico en el Tour de 1988 tuvo una repercusión tan amplia, como también la tuvieron la victoria de Emilio Sánchez Vicario, pocos meses antes, en los dobles de Roland Garros (haciendo tándem con el tenista colombiano Andrés Gómez) o la de su hermana Arantxa, en 1989, sobre la mítica tierra batida parisina.

En cierta forma, los triunfos de Delgado y de los hermanos Sánchez Vicario hacían revivir viejas hazañas españolas en París en las mismas disciplinas, ya fueran las victorias de Bahamontes y Ocaña en los Tours de 1959 y 1973 o las de Manolo Santana en Roland Garros en los años sesenta.

El éxito de Perico en 1988 fue especialmente celebrado, en buena parte por la popularidad del personaje y de un Tour de Francia que era prácticamente el único programa que, en aquellos tiempos, podía sintonizarse en los televisores durante las tardes de julio. Perico ya había conquistado el corazón de los telespectadores en la edición anterior, cuando, después de vestir de amarillo durante cuatro días, le birló el irlandés Stephen Roche en la contrarreloj de Dijon, la víspera de la llegada a París.

El verano siguiente, Perico se tomó la revancha. El corredor segoviano se visitó de amarillo el 14 de julio, en la subida al legendario Alpe d'Huez. Su asalto al primer puesto de la general coincidió con la celebración de la fiesta nacional francesa en una etapa que, para colmo, fue una auténtica debacle para sus rivales galos. Laurent Fignon se vio obligado a abandonar antes de la salida y Jean-François Bernard se dejó en las míticas veintiuna curvas de la cima alpina cualquier posibilidad de acceder al podio en París.

Una vez vestido de amarillo, con la correspondiente publicidad de los añorados papeles de plata y film de la casa Reynolds, nada parecía poder arrebatar a Perico el peldaño más alto en los Campos Elíseos. Máxime después de sus exhibiciones en la cronoescalada de Villard de Lans y en los Pirineos, donde el numerosísimo público español que se agolpaba en las cunetas lo recibió entusiasta.

El 19 de julio, después de la etapa que terminó en Burdeos, Perico atendió con su peculiar acento francés a las preguntas que Jacques Chancel le formuló en el programa *À chacun son tour,* emitido en directo al final de cada etapa por la cadena pública Antenne 2. Una de ellas en concreto suscitó todo tipo de especulaciones. «¿Estás seguro de que ningún incidente te impedirá llegar de amarillo a París?» preguntó Chancel. «Claro», respondió cándidamente el segoviano. Escasas horas después, el mismo canal de televisión informaba de un control positivo del maillot amarillo… pero en una sustancia, el diurético Probenecid, que no estaba prohibida por la Unión Ciclista Internacional, aunque sí por el Comité Olímpico, que lo consideraba un enmascarador de otros productos.

La información, que los organizadores del Tour filtraron a *L'Équipe* y a Antenne 2, provocó un auténtico terremoto que llegó a las más altas esferas políticas. A ojos del público francés, aunque Perico no fue finalmente sancionado, el maillot amarillo quedaba manchado por las sospechas de dopaje. Esto reavivó la animadversión hacia Francia entre los aficionados españoles hasta el punto de convertir el positivo en una auténtica cuestión de Estado. El Gobierno español pidió explicaciones al francés por la filtración de la noticia y envió inmediatamente a París una delegación del máximo nivel encabezada por el secretario de Estado para el Deporte, Javier Gómez Navarro, con el objetivo de evitar la sanción al corredor segoviano.

El presidente de la UCI, el valenciano Luis Puig, fue una pieza clave para impedir cualquier pena. Cuando, tras mucho esfuerzo, pudo convencer a los organizadores de no castigar al ciclista español, se dirigió a Perico librándole el comunicado que lo exculpaba al tiempo que afirmaba: «¡Ha costado cojones!». Finalmente, Delgado llegó de amarillo a París y pudo desfilar por los Campos Elíseos luciendo la bandera rojigualda.

Aunque muchos franceses consideraron manchada la enseña por el controvertido positivo, lo cierto es que Perico se había convertido, fruto de sus intervenciones en la televisión gala, en un personaje simpático para el público. Contribuyeron a ello su humildad y el hecho de responder siempre en francés, la lengua franca del ciclismo en aquella época, cuando era interrogado en este idioma. A los franceses, su desparpajo y su singular acento les recordaban a otro español que había triunfado al norte de los Pirineos: el humorista, músico y mago Garcimore. Nacido en Elche de la Sierra (Albacete) en 1940, recién acabada la Guerra Civil, este artista llamado José García Moreno (de aquí su nombre artístico) emigró a Francia en 1967 y después de unos duros inicios en el mundo del espectáculo consiguió, una década más tarde, hacerse un lugar en la televisión multiplicando así su popularidad y su caché.

En 1977, Garcimore publicó su primer disco bajo el título *Un español en París,* que recogía varios *sketches* inmensamente populares en la Francia de aquellos años. La celebridad del albaceteño lo llevó a amenizar el pódium del Tour de 1980, una edición en la que, dicho sea de paso, la participación española fue absolutamente decepcionante.

A pesar de la tensión hispano-francesa, Garcimore se convirtió en un icono humorístico de la Francia de los ochenta, una posición desde la que intentó acercar ambos países. Con esa intención grabó, en 1989, el disco *France-Espagne, España-Francia,* que incluía una canción homónima que recogía los tópicos más manidos de un lado y otro de los Pirineos.

«*Le* sombrero, *le* bolero, la corrida y la jota. *Ça c'est l'*España», decía la letra antes de terminar llamando a la amistad entre ambos pueblos con un estribillo en que cantaba «*Et je bois une* sangría *à votre santé et viva* Francia-España».

Con ese disco del mago y humorista cuyo acento francés recordaba al de Perico, podríamos considerar que se cerraba un decenio de fuertes controversias franco-españolas. El Tour de 1988, con la polémica en torno al dopaje del corredor segoviano, había sido una fiel muestra de ello. Quizá precisamente por esa conflictividad, entre 1977 y 1990 —es decir, durante la década de los ochenta— el Tour evitó pasar por territorio español, a diferencia de lo que había hecho en varias ocasiones desde 1949, aun en plena dictadura franquista. La ronda gala no volvería a cruzar los Pirineos hasta la edición de 1991, paradójicamente el mismo año en que se inició el reinado tiránico de un ciclista de Villava que llegó hasta cinco años consecutivos vestido de amarillo a los Campos Elíseos. Este campeón navarro no era otro que Miguel Induráin, fiel escudero de Perico Delgado en el equipo Reynolds cuando el segoviano se impuso en París.

Atrás quedaba una década de rencillas donde las alegrías deportivas hispanas eran más bien escasas. Atrás quedaban también los GAL, la «guerra verdulera» y las pugnas comerciales derivadas del proceso de incorporación española a la CEE. Como símbolo del fin de la batalla, en el año 2000, todos los hipermercados Pryca existentes en España recuperaron la denominación original francesa de Carrefour. Paradójicamente, la empresa hoy es patrocinadora de la Vuelta, una competición que, en otra chocante contradicción, está en manos de una empresa de capital también francés. Nuevas historias de viejos vecinos no siempre bien avenidos.

UNIÓN SOVIÉTICA, 1989

PARÍS-MOSCÚ, EL SUEÑO REVOLUCIONARIO QUE NUNCA FUE

Francia y Rusia comparten el ser la cuna de dos grandes revoluciones que, desde 1789 y 1917, respectivamente, comportaron la abolición del Antiguo Régimen y que han marcado decisivamente la historia contemporánea. Ambos países, unidos por este pasado, soñaron en 1989 con una carrera que uniera sus dos capitales. Un sueño ciclista revolucionario que nunca se hizo realidad.

Que al comunismo le encantaba el deporte de la bicicleta lo demuestra la multitud de pruebas que surgieron en la Unión Soviética —cuya primera vuelta ciclista se celebró en 1937— y en los países del llamado bloque del Este después de la Segunda Guerra Mundial, con la Carrera de la Paz a la cabeza. Fue justamente en un momento en el que dicha competición pasaba por serias dificultades cuando surgió una idea para revitalizarla que consistía en la organización, en 1989, de una nueva prueba ciclista que enlazara París y Moscú aprovechando la celebración del bicentenario de la Revolución francesa.

La iniciativa contó no solo con el favor de los periódicos que impulsaban la Carrera de la Paz (pues, al igual que sucedía en la Europa occidental, las gacetas eran las principales promotoras de las pruebas ciclistas al otro lado del telón de acero), sino también de tres nuevas cabeceras que permitían a la organización contar con apoyos en todos los países que la nueva competición debía recorrer: Francia, las dos Alemanias, Checoslovaquia, Polonia y la Unión Soviética.

Los periódicos agrupados en el comité organizador de la París-Moscú eran los oficialistas *Pravda* (URSS), *Neues Deutscheland* (RDA), *Trybuna Ludu* (Polonia) y *Rudé Právo* (Checoslovaquia), a los que se añadieron *L'Humanité* (fundado por el socialista Jean Jaurès y que posteriormente se convirtió en el órgano de comunicación del Partido Comunista francés) y *Unsere Zeit* (la cabecera comunista en la RFA). Prácticamente todos contaban con una amplia experiencia en la organización de carreras ciclistas, puesto que las gacetas gubernamentales de Checoslovaquia, Polonia y la RDA promovían desde 1949 la citada Carrera de la Paz. A la organización de las ediciones de 1985 y 1986 de esta prueba se había unido el soviético *Pravda,* lo que provocó que la competición se iniciara, esos dos años, desde Moscú y desde Kiev respectivamente. Pero quizá la mayor veteranía ciclista la atesoraba el diario del comunismo galo que, entre 1927 y 1979, había organizado el Gran Premio de *L'Humanité,* una carrera que fue en sus inicios una clásica de un día para convertirse, posteriormente, en una prueba de dos o tres etapas con participación reservada, eso sí, a ciclistas *amateurs.*

La tradición ciclista de *L'Humanité* y la intención de conmemorar el bicentenario de la Revolución francesa motivaron que la presidencia del comité organizador de la París-Moscú recayese en Roland Leroy, director de la cabecera gala desde 1974 y militante de larga trayectoria en el Partido —desde su entrada en las juventudes hasta llegar al Comité Central, pasando por las filas de la Resistencia contra la ocupación nazi—. El proyecto del comité organizador era una carrera de tres semanas, dividida en veintiuna etapas y que recorriera más de dos mil kilómetros, y que rivalizara con las grandes vueltas del calendario internacional al tiempo que recordaba una efeméride capital de la historia contemporánea. Era el primer intento del ciclismo comunista de organizar una prueba de la misma duración que las tres grandes vueltas del circuito reconocido por la UCI.

El sueño de unir París y Moscú en bicicleta, con el alto contenido simbólico que suponía enlazar las capitales de los países protagonistas de las dos mayores revoluciones europeas desde el siglo XVIII, se quedó en un proyecto fallido. Los desencuentros entre la UCI y la organización, añadidos a los problemas financieros para materializar una carrera tan ambiciosa y a una situación política cada vez más inestable en los países del bloque del Este, terminaron por enterrar para siempre el sueño revolucionario de la París-Moscú.

De hecho, pocos meses después de la conmemoración del bicentenario de la Revolución francesa, el «socialismo real» empezó a derrumbarse cual castillo de naipes. La caída del muro de Berlín, el 9 de noviembre de 1989, inició un proceso que, en pocos años, dio al traste con el sueño de Marx y Lenin.

El impacto que esa caída tuvo en los integrantes del comité organizador de la frustrada París-Moscú fue enorme y evitó que el proyecto pudiera volver a plantearse en el futuro. Por poner un ejemplo más ilustrativo de la situación, *Unsere Zeit,* el periódico comunista de la RFA, prácticamente se arruinó después de la caída del muro al dejar de recibir el apoyo económico de la RDA y tuvo que despedir a numerosos trabajadores al tiempo que se reducía sensiblemente su difusión. Un destino similar vivieron los diarios de la URSS y de la RDA implicados en el proyecto de la París-Moscú. La peor suerte se la llevaron el polaco *Trybuna Ludu* y el checo *Rudé Právo,* que vieron cómo sus cabeceras mutaban y casi desaparecían a la vez que lo hacía el comunismo en sus respectivos países.

Paradojas de la historia, de entre los periódicos comunistas que impulsaban la París-Moscú, el que mejor soportó la hecatombe que les supuso la caída del bloque del Este fue el francés *L'Humanité.* Quizá porque ya era un diario acostumbrado a lidiar con situaciones adversas, la cabecera fundada por Jean Jaurès no solo resistió, sino que aún se atrevió a patrocinar una nueva prueba ciclista, en su caso el renacido Gran Premio de *L'Humanité,* que desde 1992 y durante más de dos décadas se celebró anualmente como prueba sobre pista en el velódromo de Burdeos.

A pesar del fracaso de la París-Moscú, el ciclismo no olvidó el bicentenario de la Revolución. En la edición de 1989, el Tour de Francia decidió celebrar la efeméride con una última etapa contrarreloj entre Versalles (sede del palacio real símbolo del absolutismo francés y escenario del inicio de la Revolución con la constitución de la Asamblea Nacional) y París (capital del país donde tuvo lugar la toma de la Bastilla, el primer hito revolucionario popular). El trayecto pasó a la historia no tanto por la evocación de 1789 sino por la amarga derrota del «profesor» Laurent Fignon, a quien el estadounidense Greg LeMond arrebató la victoria final en las mismísimas puertas de la meta de los Campos Elíseos por ocho fugaces segundos.

En 1991, con la desaparición de la Unión Soviética, el proyecto de la París-Moscú quedó definitivamente enterrado en el baúl de los recuerdos de la historia como el sueño de una revolucionaria carrera que nunca fue.

ITALIA, 1989

DE LOS SÓVIETS A LA *DOLCE VITA*

La llegada de Mijaíl Gorbachov a la secretaría general del Partido Comunista de la Unión Soviética marcó el inicio de las políticas reformistas que cristalizaron en la *perestroika,* una serie de medidas destinadas a la liberalización, la apertura y la transparencia de la hasta entonces hermética URSS. Entre estas disposiciones destacó, en el ámbito del deporte, el levantamiento de la prohibición que impedía a los ciclistas soviéticos convertirse en profesionales. Así, en enero de 1989, un selecto grupo formado por una quincena de deportistas cruzó el telón de acero para integrarse en el Alfa Lum, el primer y único equipo ciclista constituido exclusivamente por corredores procedentes del país de los sóviets.

La aventura de la profesionalización de los primeros ciclistas soviéticos se forjó durante unas arduas negociaciones en Liechtenstein, en la sede de la agencia deportiva Dorna, que gestionaba las incipientes relaciones entre el deporte de la URSS y el de la Europa Occidental. El acuerdo que finalmente alcanzaron las partes propició que la pista de aterrizaje de los corredores fuera el equipo italiano Alfa Lum, creado en 1982 y patrocinado por un constructor transalpino de puertas y ventanas, que había tenido en sus filas a primeros espadas del ciclismo internacional como Marino Lejarreta o Maurizio Fondriest (campeón mundial en ruta de 1988). Curiosamente, a pesar de contar con este último entre sus efectivos, el Alfa Lum decidió modificar completamente su estructura en 1989 trasladando su sede a San Marino y convirtiéndose en el primer equipo profesional en estar formado íntegramente por corredores soviéticos. Detrás de la decisión estaba la presión ejercida por el fabricante italiano de bicicletas Colnago, patrocinador informal del Alfa Lum, que había visto en la *perestroika* de Gorbachov una oportunidad para expandirse a la URSS; este hecho favoreció su acuerdo con la federación soviética de ciclismo, que cedió sus corredores al equipo sanmarinense a cambio de cuatro pagos de cien mil dólares por parte de la compañía ciclista.

En enero de 1989, pues, el avión que partió del aeropuerto moscovita de Domodevo, y que debía llegar al de Milán-Malpensa, tuvo un accidentado aterrizaje en Génova a causa de unas condiciones meteorológicas adversas. La aeronave pisaba suelo italiano con catorce pasajeros muy especiales a bordo: los primeros corredores soviéticos que viajaban rumbo al profesionalismo y a una nueva vida. Entre ellos, jóvenes promesas como Dimitri Konyshev o Vladímir Poulnikov, corredores en vías de consagración como Piotr Ugrumov y, finalmente, Serguéi Sujoruchenkov, una auténtica leyenda del ciclismo soviético que podía presumir de un oro olímpico, conseguido en la prueba en ruta de los Juegos de Moscú 1980. A todos les sorprendió la espesa niebla que les dio la bienvenida y que hizo que la Italia que los acogía fuera más parecida de lo que esperaban a su tierra de origen.

La selección de los corredores la había realizado la federación soviética atendiendo básicamente a dos criterios: en primer lugar, el de premiar a aquellos de dilatada trayectoria (como Sujoruchenkov) y, en segundo lugar, no debilitar en exceso a la selección nacional, factor que provocó, por ejemplo, que el prometedor Djamolidine Abdoujaparov no llegara al Alfa Lum hasta la temporada siguiente.

Una vez incorporados a su nuevo equipo, y después de una breve estancia preparatoria en San Martino di Castrozza, en el corazón de los Dolomitas, los ciclistas soviéticos se instalaron en el hotel Touring de Rímini, un complejo con excelentes vistas al mar y a la playa de esta turística ciudad de la Emilia-Romaña, muy cerca de San Marino.

Inicialmente, Alfa Lum y el Estado soviético corrían con los gastos del equipo de forma compartida, lo que propició que la profesionalización de los corredores fuera muy gradual. En su primer año de funcionamiento, estos recibían como pago el alojamiento, la manutención y 35 dólares diarios. No era precisamente una fortuna para quien venía de una situación técnicamente *amateur* pero que ya comportaba recibir, en la mayoría de los casos, un salario por parte del Ministerio de Deportes de la URSS.

El dinero no era abundante, es cierto, pero un nuevo mundo se abría ante unos jóvenes corredores que debían convivir aún con la Guerra Fría. Así lo certificaban tanto el aeropuerto militar de Miramare, en Rímini, muy cerca del hotel, donde había por entonces una base militar de la OTAN, como el férreo control que dos estrictos funcionarios soviéticos ejercían constantemente sobre su conducta. Esta situación no impidió, sin embargo, que descubrieran la *dolce vita* transalpina. La playa, las chicas, la *canzone,* la pizza, la pasta… En resumen, una nueva vida lejos del rigor que habían conocido en su Unión Soviética natal.

No todos los corredores se adaptaron a la nueva situación. En ocasiones, la disciplina soviética encajaba muy poco con la ligereza italiana. Serguéi Sujoruchenkov, por ejemplo, llevó muy mal el cambio de aires. Este capitán de la Marina soviética había dejado atrás una mujer y cuatro hijos y pronto sintió nostalgia de su patria, algo que, acompañado de la falta de resultados a causa de su ya avanzada edad, comportó que abandonara el equipo tras solo una temporada en sus filas.

A pesar del fracaso del que era considerado el «Bernard Hinault soviético», los corredores del Alfa Lum protagonizaron, en 1989, algunos destacables episodios que demostraron su verdadero potencial. Entre ellos cabe subrayar el triunfo de Ivan Ivanov en una etapa de la Vuelta, o el subcampeonato del mundo conseguido por Dimitri Konyshev (con el maillot rojo soviético, eso sí) que fue únicamente superado por el entonces todopoderoso Greg LeMond. Estas circunstancias propiciaron que, en 1990, los corredores del Alfa Lum firmaran por fin contratos dignos de profesionales, que el equipo incorporara a todas las promesas del ciclismo soviético, Abdoujaparov incluido, y que participara por vez primera en las tres grandes vueltas del calendario internacional, alzándose con victorias de etapa en todas ellas gracias a los triunfos de Asiat Saitov en la Vuelta, de Vladimir Poulnikov en el Giro y de Dimitri Konyshev en el Tour. A ellos cabría añadir que el equipo llegó a vestir, durante cinco etapas, el maillot amarillo de esa edición de la Vuelta gracias al ruso Viktor Klimov.

Ninguno de estos éxitos evitó que el Alfa Lum desapareciese al final de la temporada de 1990. Sus integrantes abandonaron Rímini, pero, en la mayoría de los casos, no lo hicieron para volver a una Unión Soviética que ya caminaba a marchas forzadas hacia la desintegración, sino para incoporarse libremente a otros grandes equipos del pelotón internacional dejando atrás el monopolio soviético del Alfa Lum. Así, Poulnikov y Abdoujaparov ficharon por el Carrera italiano, donde el uzbeko conseguiría ganar el maillot verde del Tour de Francia, uno de los grandes éxitos del todavía ciclismo soviético; Klimov y Ugrumov se marcharon al Seur español, en cuyas filas Piotr llegó hasta el segundo puesto del Tour y del Giro, siendo superado en ambas ocasiones solo por Miguel Induráin; Konyshev, por su parte, recaló en el TVM neerlandés y ganó dos etapas en el Tour de 1991.

A pesar de desperdigarse por distintos equipos, aquellos jóvenes que habían llegado a Emilia-Romaña procedentes del país de los sóviets decidieron no abandonar la *dolce vita* que los había cautivado. El letón Ugrumov y el ruso Konyshev se quedaron en la costa adriática para seguir gozando de las bondades de Rímini, mientras que el uzbeko Abdoujaparov eligió instalarse cerca del lago Garda, donde sigue disfrutando de una vida alejada del rigor de su Asia Central natal.

FRANCIA, 1992
EL TOUR DE EUROPA

El 7 de febrero de 1992, la ciudad holandesa de Maastricht acogió la firma de un tratado que cambió la historia de Europa. Tras meses de intensas negociaciones, los doce Estados miembros de la Comunidad Económica Europea rubricaron un documento que se convirtió en el acta fundacional de la Unión Europea y de su moneda única tal y como las conocemos hoy en día.

A pesar de la controversia que generó el contenido del tratado, no se puede negar que su firma desató una ola de europeísmo propiciada por los Gobiernos que lo habían suscrito.

Entre los eventos que se sumaron a dicha ola, cabe destacar el Tour de Francia de 1992 que, con el fin de celebrar la firma del tratado, propuso un recorrido inédito que llevó a los ciclistas a visitar hasta seis Estados europeos además de Francia, un hecho que convirtió esa edición en una auténtica vuelta ciclista a Europa. En cierto modo, el recorrido certificaba que la prueba ya no era solo un acontecimiento deportivo nacional francés, sino que se había convertido en una competición de alcance global.

Como hemos visto en capítulos anteriores, durante las primeras décadas de su existencia, el Tour había utilizado su trazado para perfilar los límites de Francia y, excepcionalmente, había cruzado la frontera alemana para reivindicar la soberanía francesa sobre Alsacia y Lorena. Después de la Segunda Guerra Mundial, el Tour se acostumbró a realizar pequeñas incursiones en países vecinos y, a partir de 1954 —de acuerdo con la voluntad de construir una competición global—, a trasladar ocasionalmente el inicio de la prueba a ciudades fuera del territorio nacional francés, destacando la célebre salida desde el Berlín Occidental cercado por el muro en 1987.

A pesar de estos antecedentes, el Tour no había cruzado nunca las fronteras de siete Estados, como lo hizo durante la edición de 1992. En esa ocasión, la prueba transitó por España, Bélgica, Países Bajos, Luxemburgo, Alemania e Italia, además de Francia. Es decir, se adentró en todos los Estados que tienen frontera terrestre con el Hexágono, además de los Países Bajos, con las excepciones de Suiza (fuera de la Unión Europea) y los pequeños principados de Mónaco y Andorra.

Por si esto fuera poco, para completar el simbolismo europeísta, el Tour de 1992 incluyó Estrasburgo en el trazado, la capital alsaciana que se situaba en el corazón de las atávicas disputas entre Francia y Alemania y que, desde 1958, era la sede del Parlamento Europeo.

El pistoletazo de salida a ese auténtico Tour de Europa se dio en San Sebastián el 4 de julio de 1992, en un clima bastante tenso debido a las protestas organizadas por la izquierda *abertzale,* que pretendía aprovechar el impacto propagandístico de la prueba para reivindicar la independencia del País Vasco.

De hecho, la elección de Guipúzcoa como punto de partida del Tour ya había generado controversias importantes. *L'Équipe,* el rotativo responsable de la organización, había publicado, meses antes, un artículo en el que manifestaba su preocupación por un posible atentado de ETA, a lo que la banda terrorista respondió afirmando públicamente que la ronda francesa no se encontraba entre sus objetivos. Con el tiempo se supo que los organizadores de la prueba negociaron con la izquierda *abertzale* para garantizar la tranquilidad del paso de la caravana por el País Vasco en la edición de 1992 y en la de 1996.

En marzo de 1992, tras la detención de la cúpula de ETA en la localidad vasco-francesa de Bidart, que supuso un golpe durísimo para la organización clandestina, el grupo municipal de Herri Batasuna en la capital guipuzcoana amenazó con «revisar nuestra postura de no promover el boicot a la salida del Tour desde San Sebastián». De hecho, HB anunció que su intención era que «toda Europa se entere de que San Sebastián no es una población turística del norte de España sino una ciudad vasca sometida por el Estado español».

Con este objetivo, la víspera del inicio del Tour, HB convocó una manifestación que recorrió las calles de la ciudad encabezada por una pancarta que anunciaba en francés: «Esto no es ni España ni Francia. Esto es el País Vasco».

Aunque ETA no actuó contra el Tour y la izquierda *abertzale* solo intentó utilizar la carrera como altavoz para sus reivindicaciones, la víspera de la salida, un grupo de jóvenes protagonizó un acto de sabotaje al lanzar un cóctel molotov contra uno de los vehículos de la caravana del Tour, concretamente el de la televisión francesa Antenne 2, estacionado en un parking de San Sebastián, que dañó otros dos coches.

A pesar de este percance, el Tour celebró entre un gran fervor sus tres primeras etapas por territorio vasco para terminar cruzando los Pirineos hasta la ciudad occitana de Pau. Al entusiasmo con el que el Tour había sido recibido en el País Vasco contribuyó enormemente la figura de Miguel Induráin, vencedor de la edición precedente y gran favorito para imponerse de nuevo, como finalmente sucedió.

Sin embargo, el homenaje a la construcción europea que se pretendía hacer con el Tour de 1992 no fue bien acogido por todos los aficionados. De hecho, el recorrido despertó quejas y recelos entre los puristas del Tour, que consideraban que la prueba iba camino de perder sus raíces y de convertirse en una competición europea y europeísta y que, fruto de la elección de esta nueva ruta, se alejaba de las cimas de los Pirineos —que llegaron demasiado pronto y demasiado brevemente a la competición— y de los Alpes.

Quizás precisamente por estas críticas, el Tour optó en 1993 por volver al tradicionalismo más puro con una salida desde el parque temático Puy du Fou, en la región de la Vendée, y con un recorrido que transitaba por Bretaña y Normandía, dos territorios de gran arraigo ciclista. Además, aquella edición recorría los escenarios de la batalla de Verdún, una de las más cruentas de la Primera Guerra Mundial, en un guiño a uno de los símbolos, si bien tristes, de la historia nacional francesa. De hecho, el Tour de 1993 solo abandonó el territorio galo para hacer una breve incursión por los Pirineos catalanes y andorranos.

En parte, la decisión de 1993, que corregía el Tour por Europa del año anterior, pudo deberse a la ajustadísima victoria que obtuvo en Francia el sí a la ratificación del Tratado de Maastricht. El referéndum sobre esta cuestión, celebrado el 20 de septiembre de 1992, apenas dos meses después del final del Tour más europeo y europeísta de la historia, mostró un país dividido, ya que solo un 51,04% del electorado votó a favor del acuerdo. Una buena muestra de que el entusiasmo de los dirigentes europeos por la firma del Tratado de la Unión no había terminado de contagiar a los ciudadanos, por mucho Tour de Europa que se les propusiera.

PORTUGAL, 2004
LA DESAPARICIÓN DE LA OPORTO-LISBOA

Durante casi un siglo, o, para ser más precisos, entre 1911 y 2004, Portugal contó con una histórica clásica ciclista que enlazaba sus dos ciudades más importantes, la norteña Oporto y la capital Lisboa, y que llegó a convertirse, tras la desaparición de la Burdeos-París en 1988, en la clásica más larga del mundo.

Desde la década 1960 —por decisión de las autoridades que regían el Estado Novo, con el dictador António de Oliveira Salazar a la cabeza, a fin de exaltar los valores y la gloria de Portugal—, esta singular prueba ciclista se celebró cada 10 de junio, coincidiendo con la fiesta nacional lusa, pero esto no fue así en sus orígenes.

Sirva como ejemplo que la primera edición tuvo lugar el 5 de noviembre de 1911 y la organizó la Unión Velocipédica Portuguesa, la más antigua federación deportiva del país, que pretendía con ello dotar a Portugal de una gran carrera ciclista homologable a las clásicas que empezaban a consolidarse en países como Bélgica, Francia o Italia.

En aquella ocasión fue el francés Charles George, que defendía los colores del Club Lusitano, quien se alzó con la victoria tras recorrer en casi dieciocho horas los casi 340 kilómetros que separan Oporto y Lisboa. El triunfo de un corredor galo ayudaba a reforzar el carácter internacional que pretendía adoptar la nueva prueba, pero esto fue más bien un espejismo, pues la Oporto-Lisboa tardó nada menos que cincuenta y seis años en volver a ver triunfar a un ciclista extranjero. Fue concretamente en 1967, cuando el belga Walter Godefroot, del equipo Flandria, se impuso en la meta lisboeta.

Durante sus primeros años de vida, la clásica portuguesa tuvo una periodicidad intermitente debido a la Primera Guerra Mundial y a las severas dificultades económicas. La verdadera consolidación de la carrera no llegó hasta la década de 1930, coincidiendo con el establecimiento del régimen dictatorial del Estado Novo, que suele datarse el día de la aprobación de la Constitución de 1933.

La Oporto-Lisboa creció en paralelo a la dictadura lusa y solo se vio nuevamente interrumpida su trayectoria como consecuencia de la Segunda Guerra Mundial, que provocó la suspensión de la prueba entre 1943 y 1948. Pese a las dificultades para retomarla, evidenciadas por la cancelación de la edición de 1950, a partir de entonces vivió su etapa mayor de gloria y llegó a rivalizar con la Volta a Portugal, la principal carrera por etapas lusa que había empezado a disputarse en 1927.

El cambio de la fecha de la clásica para trasladarla al 10 de junio y que coincidiese con la celebración del Día de Portugal —aniversario de la muerte del escritor y poeta Luís de Camões, desaparecido en 1580— contribuyó a acentuar su popularidad, al disputarse ahora en una jornada festiva que, durante los años de la dictadura, exaltaba la nación y el imperio colonial. Qué mejor pues para el Estado Novo que organizar, en esa fecha, una gran carrera popular que llenaba de gente las carreteras que unían las dos principales ciudades del país.

Hasta la Revolución de los Claveles del 25 de abril de 1974, que propició el fin de la dictadura, la fiesta era conocida como «Día de Camões, de Portugal y de la Raza». Este último epíteto había sido añadido por Salazar en 1944 para glorificar el Imperio portugués siguiendo la estela de España, que desde 1915 había bautizado la celebración del 12 de octubre precisamente como Día de la Raza.

Con frecuencia, la clásica fue un fiel testimonio de la rivalidad existente entre las dos mayores ciudades portuguesas: de un lado, Lisboa, la capital y el principal centro de decisión política: de otro, Oporto, que había ganado peso económico con la industrialización.

Esta rivalidad, de profundas raíces geográficas, culturales, económicas y políticas, se concretaba en la lucha que protagonizaban los principales clubes deportivos de ambas ciudades para hacerse con el triunfo en la prueba.

Tanto el Futebol Clube do Porto, el principal equipo de Oporto, como el Sporting Clube de Portugal y el Sport Lisboa e Benfica, los dos grandes clubes de Lisboa, eran entidades polideportivas que, al margen del fútbol, contaban con importantes secciones ciclistas que solían disputarse el triunfo en la clásica. Sirva como ejemplo que, de las setenta y cuatro ediciones que se celebraron de la carrera, treinta y seis, casi exactamente la mitad, tuvieron como vencedor a un corredor que defendía la camiseta de uno de los tres grandes equipos portugueses.

Aunque el Porto logró catorce triunfos, convirtiéndose en el más laureado de la clásica, los clubes lisboetas lograron hasta once victorias cada uno, decantando la balanza del particular duelo regional en favor de Lisboa. De entre las victorias más reseñables, cabe destacar la que logró el catalán Melcior Mauri en el año 2000 defendiendo los colores del Benfica. Este club puede presumir de lucir, todavía hoy, una rueda de bicicleta en su escudo como consecuencia de haber integrado en sus filas, en 1908, al club ciclista Grupo Sport Benfica, al que los encarnados deben no solo la presencia de un neumático en su logotipo, sino también el nombre con el que son mundialmente conocidos.

El triunfo de Mauri en la Oporto-Lisboa de 2000 fue especialmente relevante ya que el corredor de Vic logró la mejor marca de la historia de la carrera al recorrer los 338 kilómetros del trazado en el tiempo récord de 7 horas, 56 minutos y 27 segundos, muchísimo menos que las 17 horas, 48 minutos y 34 segundos que el primer vencedor de la prueba, el francés Charles George, invirtió en 1911.

La importancia del fútbol dentro del entorno ciclista luso quedó de manifiesto en 1982 cuando, por primera y única ocasión en su historia, la Oporto-Lisboa tuvo que ser interrumpida a su paso por Alcobaça, donde los aficionados del equipo de fútbol local, el Ginásio Clube de Alcobaça, cortaron la carretera por la que transcurría la prueba en protesta contra la decisión federativa que impedía el ascenso del club a la primera división portuguesa.

La manifestación, que impidió que la prueba llegase a Lisboa, surtió efecto: la federación terminó revisando su decisión y permitiendo el acceso del Ginásio Clube a la máxima categoría del fútbol luso, donde su trayectoria fue más bien efímera ya que descendió al año siguiente, siendo la temporada 82/83 la única en la que compitió entre los mejores del país.

A pesar del entusiasmo popular que había despertado en tiempos, la clásica fue perdiendo celebridad con el paso de los años en favor de la Volta a Portugal, a lo que se añadía el inconveniente que implicaba realizar una carrera de 340 kilómetros en un solo día.

La Oporto-Lisboa intentó reinventarse en 2002 planteando un recorrido dividido en tres sectores donde cada corredor podía recorrer solmente uno de estos tramos. Sin embargo, la idea tuvo poca aceptación y la agonizante carrera volvió al formato tradicional en las dos siguientes ediciones, que fueron también las últimas. En 2003, escenificando de nuevo la histórica importancia del fútbol y sus clubes en la prueba, la meta se ubicó en el José Alvalade, el estadio del Sporting de Lisboa, que acababa de reformarse con vistas a la Eurocopa que Portugal iba a acoger el verano siguiente; fue precisamente 2004 el año en que la Oporto-Lisboa se disputaría por última ocasión.

Desapareció así la que hasta entonces había sido la clásica ciclista más larga del mundo. Una legendaria carrera que se convirtió en un fiel reflejo de la historia reciente de Portugal.

BIBLIOGRAFÍA

Libros

BARTALI, A., *Mi padre, Gino Bartali,* Cultura Ciclista, Senant, 2021.

BELBIN, G., *La historia del ciclismo en 80 días,* Libros de Ruta, Bilbao, 2016.

BOEUF, J.-L., Y. LÉONARD, *La République du Tour de France. 1903-2003,* Éditions du Seuil, París, 2003.

BODEGAS, J., J. DORRONSORO, *Historia de la Vuelta al País Vasco,* autoedición, Bilbao, 1996.

CABEZAS, D., *La revolución silenciosa. La bicicleta como motor de cambio en el siglo XXI,* Editorial UOC, Barcelona, 2016.

CALLEJA, Á., *Historias de la Vuelta,* Ediciones JC, Madrid, 2018.

CONORD, F., *Le Tour de France à l'heure nationale. 1930-1968,* Presses Universitaires de France, París, 2014.

DELANZY, E., *Le Tour de France 100 ans de passion,* Timée Editions, Boulogne, 2003.

ECLIMONT, Ch.-L., *Le Tour de France en 100 histoires extraordinaires,* Éditions First-Gründ, París, 2013.

HOLTZ, G., y J. HOLTZ, *Les 100 histoires de légende du Tour de France,* Éditions Gründ, París, 2013.

Houchard, B., *Le Tour de France et la France du Tour,* Calmann-Lévy, París, 2019.

Izagirre, A., *Plomo en los bolsillos. Malandanzas, fanfarronadas, traiciones, alegrías, hazañas y sorpresas del Tour de Francia,* Libros del k.o., Madrid, 2012.

Izagirre, A., *Cómo ganar el Giro bebiendo sangre de buey,* Libros del k.o., Madrid, 2021.

Kessous, M., y C. Lacombe, *Les 100 histoires du Tour de France,* Presses Universitaires de France, París, 2013.

Laborde, Ch., *Le Tour de France. Abécédaire ébaubissant,* Éditions du Rocher, Mónaco, 2021.

Letouzé, S., *Histoires insolites du Tour de France. Anecdotes et petites histoires de la Grande Boucle,* City Éditions, Berney, 2019.

Lluís i Giró, F., *Gino Bartali. El hombre de hierro,* Dstoria Edicions, Barcelona, 2016.

Molero, J. C., *Historias del arco iris,* Editorial Dykinson, Madrid, 2005.

Osés, J., *Miguel Poblet, la flecha amarilla,* cdp Ediciones, Pamplona, 2001.

Paturle, H., y G. Rebière, *Un siècle de cyclisme,* Calmann-Lévy, París, 2016.

Pereda, M., *Arriva Italia. Gloria y miseria de la nación que soñó ciclismo,* Libros de Ruta, Bilbao, 2022.

Pereda, M., *Periquismo. Crónica de una pasión,* Punto de Vista Editores, Madrid, 2017.

Pereda, M., *La Carrera de la Paz. Rojos sobre ruedas, palomas en maillots,* Báltica Editorial, Madrid, 2022.

Pettenghi, J., *El Tour de 1936. El último Tour de la Tricolor,* Q-Book, Cádiz, 2016.

Pickering, E., *The Ronde,* Simon & Schuster, Londres, 2018.

Redondo, J., *Pedro Delgado. A golpe de pedal,* El País-Aguilar, Barcelona, 1995.

SERGENT, P., *Un siècle de Paris-Roubaix,* Éditions de Ecloonaar, Eeklo, 1997.

SERGENT, P., *100 lieux mythiques ou tragiques du sport cycliste,* Éditions de Ecloonaar, Eeklo, 2004.

SIDWELLS, C., *Maillots ciclistas. Diseños míticos llenos de arte e historia,* Libros de Ruta, Bilbao, 2017.

SYKES, H., *La carrera contra la Stasi,* Libros de Ruta, Bilbao, 2020.

THOMPSON, Ch. S., *The Tour de France. A cultural history,* University of California Press, Berkeley, 2006.

TRUEBA, J., *Diccionario de ciclismo. Un glosario sentimental,* Geoplaneta, Barcelona, 2023.

VALLBONA, R., *«Volta» a Catalunya 1911-2011. Un segle d'esport i país,* Cossetània Edicions, Valls, 2011.

VALLBONA, R., *Herois de la Volta. Els protagonistes de 100 curses de llegenda,* Cossetània Edicions, Valls, 2021.

VV. AA, *La historia oficial del Tour de Francia,* Libros de Ruta, Bilbao, 2021.

VESPINI, J.-P., *Gino le Juste. Bartali, une autre histoire d'Italie,* Le Pas d'Oiseau, Toulouse, 2018.

Periódicos deportivos

As
Corriere dello Sport - Stadio
Gazzetta dello Sport
El Mundo Deportivo
L'Auto
L'Auto-Vélo
L'Équipe
Le Vélo
Marca
Sport

Publicaciones especializadas

Bahamontes
Ciclismo a fondo
Cycling weekly
El Afilador
Le Cycliste
L'Équipe Magazine
Le Miroir des Sports
Miroir du Cyclisme
Pédale
Rouleur
Vélo Magazine
Volata

Páginas web

Para consultar la trayectoria de los distintos corredores y de las competiciones ciclistas que han existido a lo largo de la historia, resultan especialmente interesantes, a nivel estadístico, las informaciones contenidas en las siguientes páginas web:

- cyclebase.nl
- firstcycling.com
- memoire-du-cyclisme.eu
- procyclingstats.com
- siteducyclisme.net
- sitiodeciclismo.net

Índice

«E il naufragar m’è dolce in questo mare»